Brot-Aufstriche

Nicole Galliwoda

Astrid Wahrenberg

mit Rezepten von Judith Braun

1. Auflage

Lektorat: Susanne Teige

Gestaltung/Illustrationen: Christine Bouterâa

Druck: GGP Media, Pößneck

Inhalt

■ Vorwort: Alles Wurscht?!

Bei Brotbelägen oder Brotaufstrichen denken viele Menschen an Salami, Wurst und Käse. Diese Beläge stehen trotz BSE, Maul- und Klauenseuche oder Antibiotika-Skandalen in der Gunst bei vielen ganz oben. Neben eventuellen Krankheitserregern oder Medikamenten-Rückständen, die dabei von der Stulle in den Körper wandern können, sind viele dieser klassischen Brotbeigaben meist auch Dickmacher. Den Fettgehalt verrät bei Käse das Etikett. Bei Wurst ist das nicht so. Manche Sorten wie etwa Lyoner oder Teewurst bringen es auf bis zu 70 Prozent Fett in 100 Gramm. So energiereiche Speisen könnten sich heute höchstens Schwerarbeiter oder Hochleistungssportler leisten. Und selbst Sportkanonen legen statt vieler Kalorien mittlerweile lieber leicht verdauliche, hochwertige, vegetarische Eiweißlieferanten aufs Brot.

Der Grund, mal etwas anderes zu probieren, kann aber auch ganz simpel sein: Lust auf etwas Neues, Abwechslung und die pure Lust auf ausgefallene Spezialitäten, egal ob süß oder herzhaft, würzig oder auch mal gehaltvoll, selbst gemacht oder fertig gekauft.
Besonders Naturkostläden bieten eine große Auswahl an pflanzlichen Aufstrichen, Pasten und Cremes. In diese Brotaufstriche kommen nur Zutaten aus kontrolliert biologischem Anbau. Sie enthalten keine synthetischen

Zusatzstoffe. Anders sieht das bei industriell hergestellten Produkten aus. Farb-, Aroma- und Konservierungsstoffe, Emulgatoren, Stabilisatoren, Geschmacksverstärker oder Verdickungsmittel verderben hier eher den Appetit.
Manchmal sind die einfachsten Dinge die Besten. Ein Blick zurück in die Menschheitsgeschichte zeigt: Die ersten Brotaufstriche waren wenig aufwändig in der Herstellung. Es gab Honige, gestoßene und mit Wasser aufgeschlämmte Körner und irgendwann vor 10.000 Jahren auch den ersten Käse. Es war die Zeit, als der Mensch erstmals sonnengetrocknete Fladenbrote in seinen Speiseplan aufnahm.

Über die Vielfalt der Möglichkeiten und die wichtigsten Rohstoffe in Aufstrichen will dieses Büchlein informieren. Wer sich gerne selbst in die Küche stellt, findet in diesem Band außerdem Vorschläge und Rezepte für Aufstriche mit süßem Nuss-Nougat, Fruchtmus, leckeren Gemüsepasten und würzigen Kräuterbuttervariationen. Diese Aufstriche schmecken Kindern und Erwachsenen gleichermaßen und passen auf den Frühstückstisch oder auf die abendliche Vespertafel. Die herzhaften Aufstriche lassen Wurst und Käse nicht vermissen und sind auf jeder Party ein gern gesehener Dip. Einige herzhafte Aufstriche lassen sich übrigens nicht nur für Brot, sondern auch als Basis für leckere Soßen zu Nudeln vielseitig verwenden.

Guten Appetit!

Brotaufstriche: Das Gute daran ist das Gute darin

Eine reich gedeckte Tafel mit Brot, Brötchen, Butter, Marmelade, Wurst und Käse – so wird in vielen Familien einmal täglich die Brotzeit aufgetischt. Wem der traditionelle Brotbelag zu kalorienreich ist, wer Wurst wegen BSE, MKS oder diverser Hormonskandale nicht mehr essen mag oder wen es schlicht nach Abwechslung gelüstet, der kann sich im Brotaufstrich-Sortiment im Naturkostladen auf neue Gaumen-Erfahrungen einlassen. Die Auswahl ist enorm. Jeder Hersteller hat mindestens eine Hand voll verschiedene süße und würzige Aufstriche im Repertoire. Insgesamt gibt es weit mehr als hundert Aufstrich-Variationen im Naturkosthandel. In den Regalen drängeln sich etwa Champignon-, Gemüse-, Tomaten-, Curry-Ananas-Tofu-, Paprika-, Bärlauch-, Gutsherren-, Grünkern-Zwiebel- oder Räuchertofu-Aufstriche neben Linsen-Pastetchen, Linsengrün, Hokkaido-Pastete, Kichererbsenpasten und Nussmusen, Honig, Frucht- sowie Dicksaftaufstrichen.
Auf Zusatzstoffe wie chemisch-synthetische Farb-, Aroma- und Konservierungsmittel, Emulgatoren, Geschmacksverstärker und Stabilisatoren wird bei Bio-Aufstrichen verzichtet. Verboten sind mit Hilfe gentechnischer Methoden hergestellte Rohstoffe.

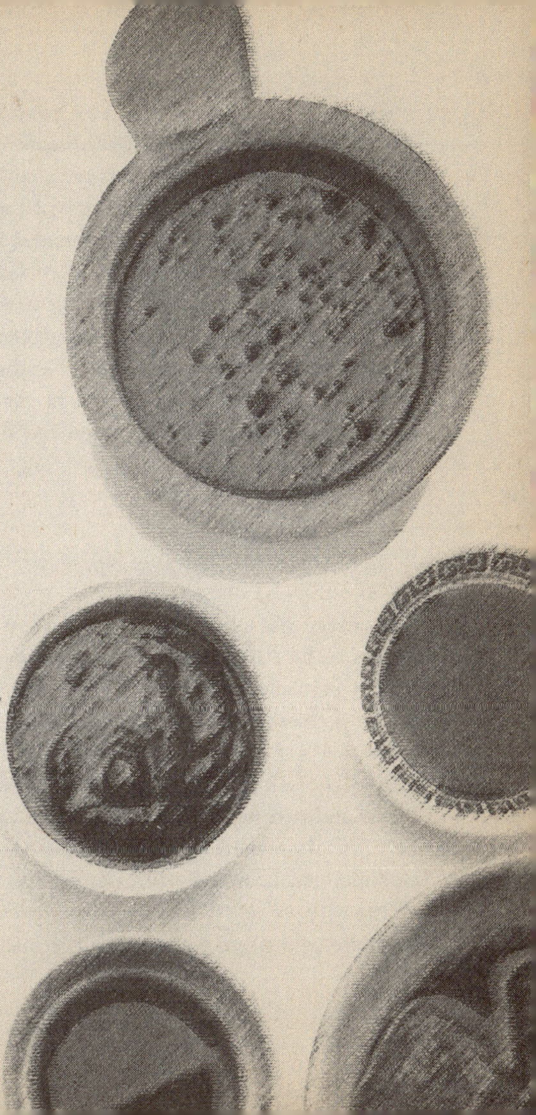

Viele der im Naturkostladen angebotenen Aufstriche dürfen sich Veganer, Milcheiweißallergiker und Glutenallergiker bedenkenlos aufs Brot streichen – sie sind ei-, gluten-, milch- und/oder hefefrei. Auf die Zutatenliste achten! Etliche Pasten kommen mit einem Fettgehalt von 5 bis 15 Prozent aus und sind äußerst kalorienarm. Es gibt aber auch ausgesprochen fettreiche Aufstriche, die sich ganz dem Genussaspekt und lustvollen Schlemmen widmen. Wie bei allen gehaltvollen Lebensmitteln heißt es hier jedoch: Fingerdick aufs Brot ist zwar lecker, sollte aber nicht zu häufig praktiziert werden. Sonst könnte es Figurprobleme geben.

Alles Bio

Grundlage aller herzhaften wie süßen Pasten sind vegetarische Zutaten aus kontrolliert biologischem Anbau. Pestizide und chemisch-synthetische Dünger sind im Bio-Anbau grundsätzlich verboten. Bio-Bauern setzen stattdessen auf ein aktives Bodenleben und eine gesunde Selbstregulation im Ökosystem. Gegen Schädlinge dürfen Öko-Landwirte biologische Maßnahmen wie den Einsatz von Nützlingen (Raubmilben oder Schlupfwespen) ergreifen und Leim- oder Pheromonfallen aufstellen. Als Pflanzenschutz und Pflanzenpflegemittel sind beispielsweise konzentrierte Kräuteraufgüsse aus Brennnessel,

Schachtelhalm, Zwiebel, Meerrettich und Rainfarn zugelassen. Mit Hacken, Striegeln oder Eggen rücken Öko-Landwirte unerwünschten Beikräutern an die Wurzel. Um die Bodenfruchtbarkeit zu erhalten und zu beleben streuen sie Mist sowie andere organische Dünger und nach Bedarf mineralische Substanzen wie Gesteinsmehle oder Muschelkalk auf den Acker. Mit einer abwechslungsreichen Fruchtfolge mit vielen verschiedenen Pflanzen sowie einer regelmäßigen Gründüngung mit stickstoffliefernden Leguminosen wie Erbsen oder Linsen verhindern sie, dass dem Boden zu viele Nährstoffe entzogen werden beziehungsweise führen ihm auf diese Weise fehlende Stoffe wieder zu.

Garantiert echt: Bio

Wo Bio draufsteht, muss auch Bio drin sein, das ist mittlerweile EU-rechtlich geregelt. Alle Produkte, die der EG-Öko-Verordnung entsprechen, dürfen Bezeichnungen wie *bio, biologisch, biologisch-dynamisch, Bio-Anbau, kontrolliert biologischer Anbau (kbA), organisch* oder *organisch-biologisch* tragen. Die EG-Bio-Verordnung legt Mindeststandards für Anbau und Verarbeitung fest, regelt die Kennzeichnung der Produkte und schreibt regelmäßige Kontrollen vor. Von der EU autorisierte Kontrollstellen vergeben dann an Landwirte, Verarbeiter und Importeure von Bio-Lebensmitteln eine Kontrollstellennummer. Man findet diese Nummernzeile auf der Verpackung von Öko-Produkten. Verlassen kann man sich aber auch auf die Öko-Prüfzeichen der neun deutschen Bio-Anbauverbände. Es sind *Bioland*, *Demeter*, *Naturland*, *Bio-Kreis*, *ANOG*, *Ökosiegel*, *Ecovin*, *Biopark* und *Gäa*. Bauern, die diesen Verbänden angeschlossen sind, produzierten ihre Nahrungsmittel schon lange vor der EG-Bio-Verordnung nach zum Teil noch strengeren Öko-Kriterien. Außerdem gibt es ein einheitliches EU-Siegel für alle Bio-Produkte aus den der EU angeschlossenen Ländern. Waren, die dieses Siegel tragen, müssen den Anforderungen der EU-Bio-Verordnung genügen. Damit der Verbraucher Bio-Produkte bei uns im Regal auf Anhieb erkennt, hat das deutsche Verbraucherministerium schließlich Anfang des Jahres 2001 ein einheitliches staatliches Siegel beschlossen. Auch dieses Siegel wird auf der Basis der EU-Bio-Verordnung vergeben.

Achtung: Begriffe wie *kontrollierter Anbau* oder *umweltfreundlich, umweltgerecht, naturnah, alternativ* oder *integrierter Anbau* sind kein Hinweis auf echte Bio-Produkte.

Tücken der Gentechnik

Bio-Bauern lehnen gentechnisch veränderte Pflanzen oder Mikroorganismen ab. Diese sind im kontrolliert biologischen Anbau verboten. Das scheint zurzeit die einzige Möglichkeit, sie in Lebensmitteln auszuschließen. Denn ob Gen-Soja oder Gen-Mais in Schokoaufstrich, Margarine, Mayonnaise oder Brot stecken, erfährt der Verbraucher nicht unbedingt, denn die Sachlage ist kompliziert. Entscheidend für eine Deklarierungspflicht ist, ob sich die gentechnisch veränderten Zutaten im Endprodukt nachweisen lassen. Ohne Nachweis keine Deklarierung – so der Grundsatz der Novel-Food-Verordnung der EU. Das gilt nicht nur für gentechnisch veränderte Pflanzen sondern auch für Zusatzstoffe und Aromen. Aus der Kennzeichnungspflicht fallen seit April 2000 außerdem Lebensmittel mit einer unbeabsichtigten Verunreinigung bis zu einem Schwellenwert von einem

Prozent. Dabei muss der Hersteller nachweisen, dass er sich um gentechnikfreie Rohstoffe ernsthaft bemüht hat.
Bei Margarine, pflanzlichen Ölen, Mayonnaise, hochverarbeiteten Zusatzstoffen aus Maisstärke wie Glukosesirup oder Traubenzucker und anderen fetthaltigen Produkten, verliert sich die Gen-Spur – hier besteht keine Deklarationspflicht. Steckt dagegen Gen-Sojalecithin in Schokolade, Desserts, Backwaren und vielen anderen verarbeiteten Produkten, muss das aufs Etikett. In vielen Backwaren ist allerdings ein Nachweis von Gen-Soja durch die Hitzebehandlung später nicht mehr möglich. Auch auf Fertigprodukten wie Suppen, Saucen, Diätnahrung mit Gen-Zutaten sowie Produkten aus ganzen Sojabohnen wie Tofu oder Sojamehl muss ein Hinweis auf der Packung stehen. Ob das in der Praxis allerdings immer so gehandhabt wird, ist leider ungewiss. So konnte etwa die *Stiftung Warentest* im Jahr 2000 bei mehr als einem Drittel der untersuchten Lebensmittel Gen-Soja oder Gen-Mais nachweisen. Deklariert waren diese in keinem einzigen Lebensmittel.
Noch gibt es für gentechnisch veränderte Pflanzen oder Mikroorganismen keine generellen Durchführungsbestimmungen. Für jedes neuartige, gentechnisch veränderte Lebensmittel wird über eine Kennzeichnung im Einzelnen entschieden. Ob die Kennzeichnung richtig ausgeführt wurde, unterliegt in Deutschland der Kontrolle durch die Amtlichen Lebensmittelkontrollstellen. Doch obwohl

immer wieder Verstöße gegen die Deklarierungspflicht aufgedeckt werden, führt das nicht zu einer umgehenden Kennzeichnung der Produkte, informiert das Internet-Datennetz der Verbraucher Initiative TransGen. Außerdem würden Verstöße nicht strafrechtlich verfolgt, so TransGen.
Besonders brisant ist die Lage bei Sojabohnen. Allein zwischen 20.000 und 30.000 Lebensmittel in Deutschland enthalten Sojabohnen oder daraus gewonnene Zwischenprodukte. Hauptexporteure für die eiweißreichen Hülsenfrüchte auf dem Weltmarkt sind die USA, Argentinien und Brasilien. In den USA bestellten die Bauern im Jahr 2000 rund 54 Prozent der Sojaanbauflächen mit der genetisch veränderten Variante. In Argentinien sind es sogar schon fast 90 Prozent. Nur in Brasilien ist

gentechnisch veränderter Sojaanbau offiziell verboten. Allerdings berichtet das Internet-Datennetz der Verbraucher Initiative *TransGen* über einen illegalen Anbau, insbesondere in den südlichen Bundesstaaten – bis zu 25 Prozent der Sojaernte sollen dort schon gentechnisch verändert sein. Die Europäische Union importiert pro Jahr etwa 15 Millionen Tonnen Soja und 14 Tonnen Sojaschrot aus diesen Ländern. Letzterer wandert in die Futtertröge von Rindern, Schweinen und Hühnern. Für die daraus entstehenden tierischen Produkte – Milch, Fleisch und Eier – sieht die Novel-Food-Verordnung keine Gentech-Deklarationspflicht vor. Kritiker warnen vor noch nicht absehbaren Folgen. Weil Soja als Eiweißlieferant eine gute Alternative zu dem inzwischen verbotenen Tiermehl ist, steigt diese Menge zurzeit rasant an.

Die Krux: Gen-Soja und konventionelle Sojabohnen werden meist nach der Ernte nicht getrennt, sie kommen dann vermischt in die europäischen Ölmühlen. Weil sich Verbraucher hier zu Lande die Genvariante nicht auftischen lassen möchten, hat die USA inzwischen ein getrenntes Warensystem aufgebaut. Einer Studie der EU-Kommission zufolge sind in den USA im Jahr 1999 jedoch nur 100.000 Tonnen Sojabohnen unter gentechnikfreiem Vertragsanbau gewachsen und exportiert worden. Im Vergleich dazu: Die Gesamternte betrug 75 Millionen Tonnen. Argentinien, das fast nur noch Gen-Soja anbaut, hat eine Warentrennung jedoch gar nicht erst geplant. Ein Restrisiko bleibt auch bei gentechnikfreiem Soja aus Brasilien durch die Vermischung mit Sortierungen aus illegalem Anbau mit gentechnisch veränderten Sorten. Dazu *TransGen auf seinen Internetseiten*: „Bis auf weiteres ist davon auszugehen, dass in der Regel auf den Weltmärkten gehandelte Sojabohnen zu einem gewissen Anteil aus gentechnisch veränderten Sojabohnen bestehen. Das Angebot zertifizierter und kontrollierter „gentechnik-freier" Sojabohnen ist nach wie vor gering."

Bei Sojabohnen aus internationalem Handel sind Verunreinigungen mit gentechnisch veränderten Sojabohnen also nicht mit 100-prozentiger Sicherheit auszuschließen – auch wenn die Importeure dies den Herstellern schriftlich garantieren. Selbst Sojabohnen aus kontrolliert biologischem Anbau können, wenn die Warenströme nicht strikt getrennt sind, geringe Spuren der Genvariante enthalten. Hersteller im Naturkosthandel setzen deshalb in den vergangenen Jahren stark auf den Sojabohnenanbau in Europa. Von Feldern in Ungarn, Frankreich, Österreich, Spanien, Italien, der Schweiz und Deutschland gibt es heute schon Bio-Sojabohnenernten. Damit geht das Risiko eventueller Kontaminierungen mit konventionellem Gensoja gegen Null.

Das Passende für Drauf: Herzhaftes

Die Rezepte für pikante Aufstriche sind ganz einfach: Man nehme wahlweise Hülsenfrüchte, Gemüse, Tofu, gekochtes Getreide, Salz, Gewürze, Kräuter, kaltgepresste Öle oder Fette, Hefe und vielleicht noch Nüsse. Das Geheimnis des Geschmacks liegt in der Mischung.
Durch Pasteurisieren oder Sterilisieren lassen sich die Aufstriche ungeöffnet zum Teil bis zu zwei Jahre aufbewahren. Einmal angebrochen gehören sie allerdings in den Kühlschrank und binnen ein bis zwei Wochen aufgebraucht.
Hausgemachte Aufstriche – wie etwa unsere Rezeptvorschläge – sind normalerweise dafür gedacht, sie direkt zu essen. Deshalb dürfen auch empfindlichere Zutaten wie saure Sahne, Quark oder Butter hinein. Wer fürs Vorratsregal produziert ist mit Pestos gut beraten. Hierbei sorgt das Öl für die nötige Konservierung. Wichtig: Das Öl sollte die Zutaten komplett bedecken. Darauf achten, dass keine Luftblasen zwischen Kräutern und Gemüse entstehen.

Favorit Soja

Ideal als Grundlage für viele Aufstriche sind Sojabohnen beziehungsweise daraus gewonnene Produkte wie Tofu

oder Tempeh. Ideal deshalb, weil die Hülsenfrucht geschmacksneutral und deshalb äußerst wandlungsfähig ist. Sojabohnen lassen sich in jede Richtung würzen und abschmecken. Gesund sind sie außerdem. Wenig Kalorien, kein Cholesterin und wenig Fett, dafür aber ein hoher Eiweißgehalt, essentielle Aminosäuren, viele einfach und mehrfach ungesättigte Fettsäuren, Mineralstoffe sowie Vitamine der B-Gruppe, Vitamin E und viel Lecithin machen die Sojabohne so wertvoll für die Ernährung.

Tofu, das wohl bekannteste Nahrungsmittel aus der Hülsenfrucht, entsteht aus der ganzen Sojabohne und ist ein uraltes Lebensmittel aus Asien. Ob tatsächlich ein Koch am Hofe des chinesischen Kaisers, dem einst eine Prise Salz in die frische Sojamilch gefallen war, hinter der Entdeckung des Tofus steckt, lässt sich nicht mehr zweifelsfrei belegen. In Asien wird Tofu jedenfalls heute wie damals noch mit der gleichen Begeisterung gegessen.

Tofu lässt sich übrigens recht einfach selbst herstellen: Sojamilch wird mit Essig, Zitronensaft oder mit Nigari (Magnesiumchlorid) vermischt und gerinnt dann ähnlich wie Milch bei der Quarkherstellung. Die geronnene Masse kommt in Formen und wird gepresst.

Für pikante Aufstriche verwenden einige Hersteller **Räuchertofu**, auch in unseren Rezeptvorschlägen findet sich diese Zutat häufiger. Räuchertofu ist ein in Sojasoße marinierter, geräucherter Tofu mit einem würzigen,

leicht rauchigen Geschmack. Für **Tempeh**, ein anderes Sojabohnenprodukt aus Asien, das gerne für Aufstriche verwendet wird, kommen Sojabohnen über Nacht ins Wasserbad. Anschließend werden sie kurz erhitzt und mit einer Edelpilzkultur vermischt. Dann ruht die Masse bei Temperaturen um 30 Grad für etwa 24 Stunden. Bei diesem Fermentierungsverfahren bleiben alle Nährstoffe der Sojabohne erhalten. Tempeh ist leicht verdaulich.
Zusammen mit verschiedenen Gemüsen, Zwiebeln, Kräutern, Gewürzen und Würzmitteln wie Essig oder Sojasoße oder mal mit süßen Zutaten abgeschmeckt, munden Aufstriche auf Sojabohnenbasis immer wieder überraschend anders.
Wie die Sojabohne wandern auch Linsen und Kichererbsen aus der Familie der Hülsenfrüchte in Aufstrichpasten. Sie schmecken besonders herzhaft und machen satt. Ihr kräftiger Eigengeschmack bestimmt die Richtung der Brotaufstriche. Hülsenfrüchte werden gerne mit intensiven Gewürzen wie Curry, würzigem Getreide wie Grünkern und Hefeextrakt abgeschmeckt.

Mit Hefe schmeckt es fast wie Fleisch

Nährhefe, Hefeextrakt oder Hefeflocken spielen im Naturkosthandel seit jeher als Würzmittel eine große Rolle. Die vor rund hundert Jahren als Ersatz für teuren

Fleischextrakt entwickelte Paste schmeckt pur auf dem Butterbrot, in Flockenform im Salat oder eben als Basis in vegetarischen Aufstrichen. Es gibt sie als Hefeextrakt-Würzpasten oder abgeschmeckt mit Gemüse, Salz, würzigen Zutaten wie Zwiebeln oder Paprika sowie kaltgepressten Ölen, ungehärtetem Palmfett, pikanten Gewürzen und Kräutern. Kenner schmecken den feinwürzigen Hefegeschmack heraus. Hefe ist eiweißreich, enthält viel Vitamin B und wichtige Mineralstoffe. Wie alle Hefen sind die in den Aufstrichen verwendeten Sorten aber auch purinreich und deshalb weniger geeignet für Menschen mit Störungen des Harnstoffwechsels.

Alle diese Hefen sind nicht mehr aktiv, das heißt die Hefezelle lebt nicht mehr. Ihre Vitamine und Mineralstoffe bleiben jedoch durch die schonende Verarbeitung erhalten. **Hefeextrakt** entsteht aus frischer Hefemilch, die mit Kochsalz und Wasser vermischt auf etwa 50 Grad erwärmt wird. Dabei gehen die Hefezellen zugrunde, gleichzeitig zerlegen zelleigene Enzyme das Eiweiß in Aminosäuren. Die Enzyme geben der Hefe den pikanten, fleischähnlich würzigen Geschmack. Diesen Vorgang, er nennt sich Autolyse, bevorzugen die Hersteller im Naturkosthandel. Wurde Hefeextrakt dagegen per Hydrolyse erzeugt (meist bei konventioneller Erzeugung), hat Salzsäure den Zerlegungsprozess der

Hefezelle eingeleitet. In der Zentrifuge trennen sich unverdauliche Zellreste von der Hefemilch. Diese wird unter Vakuum schonend eingedampft, bis der konzentrierte würzige Hefeextrakt entsteht. **Nährhefe** wird ebenfalls erhitzt und anschließend schonend getrocknet. Auch sie ist reich an B-Vitaminen und Eiweiß. Für die Herstellung von **Hefeflocken** sprüht man flüssige Hefemilch dünn auf Walzen. Eine kurze Wärmetrocknung zerstört die lebenden Hefezellen ohne die wertvollen Nährstoffe zu beschädigen. Nach der Trocknung wird die Hefeschicht abgeschabt, hierbei bekommen die Hefeflocken ihre typische Form.

Vorsicht gehaltvoll!

Fett ist ein ausgezeichneter Geschmacksträger. Ein Extraschuss Sahne in der Soße, der Klecks Creme fraîche an der Suppe, kross gebratene Bratkartoffeln oder würzige Knobi-Butter – es schmeckt nach mehr. Doch die wenigsten können es sich leisten hier ungehemmt zuzuschlagen. Ganz davon abgesehen, dass zu viel Fett ungesund ist. Aber wer ist schon immer diszipliniert? Schließlich sitzt die Lust am Essen mit am Tisch. Wenn ab und an die Lust nach Gehaltvollem aufkommt, dann sollten es hochwertige Lebensmittel sein, die man sich schmecken lässt.

Eine gute Wahl sind etwa Streichpasten aus pflanzlichem Fett, wie Zwiebelschmalz – ein Klassiker im Naturkosthandel. Statt Schweineschmalz spielt hier ungehärtetes Palm- oder Kokosfett aus kontrolliert biologischem Anbau die Hauptrolle. Mit vielen aromatischen Röstzwiebeln und Gewürzen steht es geschmacklich dem Original aus tierischen Zutaten in nichts nach – allerdings auch nicht im Fettgehalt. Mit satten 840 Kilokalorien und rund 90 Gramm Fett pro 100 Gramm ist der tägliche Energiebedarf im Handumdrehen erreicht.

Im Gegensatz zu tierischen Fetten sind Palm- und Kokosfett cholesterinfrei. Beide enthalten aber im Vergleich zu anderen Pflanzenfetten relativ viel gesättigte Fettsäuren, die bei übermäßigem Genuss ebenfalls den Blutfettspiegel ungünstig beeinflussen können. Die naturbelassenen Öle stammen aus den Früchten der Öl- und Kokospalme. Um das Fett aus der Ölfrucht zu lösen, werden die Früchte auf bis zu 140 Grad erhitzt. Chemische Lösungsmittel wie Hexan, die die Ausbeute erhöhen, kommen ebenso wie ein Raffinieren des Öls durch Laugen, Säuren oder Bleicherde nicht in Frage. Verboten sind außerdem chemische Verfahren wie Härten oder Umestern des Rohstoffs. Um unerwünschte Geruchs- und Geschmacksstoffe zu entfernen, wird das Öl auf Temperaturen von bis zu 225 Grad erhitzt, man nennt diesen Vorgang Desodorieren. Dabei büßt es leider auch einige Vitamine ein. Bislang gibt es keine Alternative zu diesem Verfahren.

Ebenfalls zu den gehaltvollen Aufstrichen im Naturkostladen zählen die Sonnenblumen-Aufstriche. Die zu feinem Mus gemahlenen kohlenhydratarmen, eiweiß- und vitaminreichen Ölsaaten bekommen mit verschiedenen aromatischen Kräutern und Gewürzen den richtigen Pfiff. Geschmacklich und vom Streichverhalten erinnern diese Aufstriche an Frischkäse, müssen aber nicht unbedingt im Kühlschrank aufbewahrt werden. Mit durchschnittlich 30 Gramm Fett pro 100 Gramm liegen die Sonnenblumenkern-Aufstriche immer noch unter dem Fettgehalt von Käse oder Wurst.

In Pesto feiern Kräuter und Gemüse des Südens wie Basilikum und Tomaten in hochwertigem, kalt gepresstem Olivenöl eine aromatische Verbindung. Dass diese Pasten nicht nur als Nudelsoße schmecken, hat so mancher schon herausgefunden und streicht sie sich aufs Brot. Anders als bei versteckten Fetten – wie etwa in der Wurst – ist den Pestos der Kalorienreichtum auf Anhieb anzusehen. Ein Trost für alle, die davon nicht genug bekommen können: Olivenöl ist sehr gesund.

Gemüseallerlei

Gemüse im Brotaufstrich kommt immer gut. Die Hersteller schnippeln dafür aromatische Sorten wie Tomaten, Paprika, Möhren, Hokaidokürbis, Sellerie, Zwiebeln sowie Knoblauch klein. Um herauszufinden wieviel von was hineinkommen soll, wird in den Versuchsküchen so manche Mischung unzählige Male probiert. Um dem Gemüsepotpourri die richtige Streichkonsistenz zu geben, wird häufig noch gekochtes und fein zerkleinertes Bio-Getreide wie Weizen, Grünkern oder Hafer untergerührt. Grünkern ist wegen seines pikanten Eigengeschmacks öfter selbst die Basis für Aufstriche. An Würzmitteln kommen Hefeextrakt, Miso, Sojasoße, Essig und natürlich Salz, Kräuter und Gewürze zum Zug. Diese Gemüseaufstriche sind fast alle kalorienarm und dabei dennoch reich an Mineralstoffen und Spurenelementen.

An Exotik und Vielfalt ist das herzhafte Sortiment im Naturkosthandel kaum zu überbieten: Von Miso-Kürbis-Pasteten über Nuss-Paprika-, Tomaten-Pastetchen, Pfeffer-Ingwer-Aufstrichen und Champignon-Aufstrichen bis hin zu Zwiebel-Soja-Pasten erwartet den Gaumen so manche pikante Überraschung.

Das Passende für Drauf: Süßes

Wem sich am Morgen beim Gedanken an Deftiges der Magen umdreht, der gehört bestimmt zu den Liebhabern süßer Aufstriche. Fruchtpasten aus sonnengereiftem Obst, aromatischer Honig, gehaltvolle Nussmuse oder vollmundige Schoko-Nougatcremes lassen Schleckermäulchen das Wasser im Mund zusammenlaufen. Im Naturkosthandel bestimmt allein der hohe Anteil dieser wertvollen Bio-Zutaten den guten Geschmack. Synthetische Zusatzstoffe sind tabu.

Die den Honig sammeln

Seit der Mensch das süße Geheimnis der Bienen entdeckt hat, trachtet er nach ihrer Beute. Während unsere Vorfahren Honig noch auf waghalsigen Kletterpartien sammelten, brauchen wir heute nur noch den Schraubdeckel vom Honigglas zu öffnen, um an die süße Versuchung zu gelangen. Im Naturkosthandel gibt es nicht nur Honig aus Deutschland. Für Honigfans sammeln fleißige Bienen Nektar im Urwald Brasiliens, Mexikos oder Uruguay, in der üppigen Natur Neuseelands und Australiens sowie in vielen anderen Teilen der Welt.

Honig besteht hauptsächlich aus Zucker, beinhaltet aber außerdem über 180 verschiedene andere Stoffe.

Noch sind nicht alle Verbindungen restlos erforscht. Im Vergleich zum denaturierten Industrieprodukt Zucker liefert naturbelassener Honig neben der Süße verschiedene Fermente (Enzyme), Hormone, Duftstoffe, Aminosäuren (Eiweißbausteine), organische Säuren, antibakterielle Stoffe (Inhibine) sowie Mineralstoffe und Vitamine in Spuren. Diese wertvollen Inhaltsstoffe sind der Grund, weshalb Honig nicht nur als Brotbelag sondern auch als Süßungsmittel in Fruchtaufstrichen und allem was süß schmecken soll Verwendung findet. Je nach Blütenart variiert die Zusammensetzung: Bis zu 40 Prozent Fruchtzucker, 30 Prozent Traubenzucker sowie acht Prozent Malz- und Rohrzucker stecken in dem süßen Saft.

Trotz steigender Umweltbelastung ist Honig noch immer ein relativ unbelastetes Lebensmittel – nicht selten auf Kosten der Bienen. Zum einen sind die Insekten gegenüber Pflanzenschutzmitteln so empfindlich, dass sie meist an den Folgen der Gifte sterben, bevor sie die Fracht in den Stock liefern können. Zum anderen sind die meisten Pestizide fettlöslich und reichern sich deshalb, falls sie in den Stock geraten, im Wachs der Waben und nicht im wasserlöslichen Honig an. Rückstände im Wachs sind jedoch auf lange Sicht nicht unbedenklich. Durch die gängige Praxis, altes Wachs einzuschmelzen und mehrfach wiederzuverwenden, reichern sich mehr und mehr Schadstoffe an. Das kann den Bienen schaden.

Schadstoffe im Honig entstehen meist durch unsauberes Arbeiten des Imkers. Setzt er etwa übel riechende Phenole ein, um die Bienen bei der Honigernte zu vertreiben, findet sich die giftige Substanz später auch im Honig wieder. Werden Medikamente gegen Bienenerkrankungen oder gegen die Schmarotzermilbe Varroa zum falschen Zeitpunkt eingesetzt, können diese ebenfalls in den Honig geraten.
Für deutschen Imkerhonig, den es auch im Naturkosthandel gibt, gilt die strenge Honigverordnung. Sie schreibt bestimmte Qualitätsparameter wie zum Beispiel Wassergehalt und Invertasezahl (Gehalt an aktiven Enzymen) vor und kontrolliert den Schadstoffgehalt.

Auf den Imker kommt es an

Im Naturkosthandel gibt es Bio-Honig. Diese Kurzform steht für „Honig aus ökologischer Bienenhaltung". Weil sich die Bienen nicht vorschreiben lassen, wo sie ihren Nektar holen, setzen die Richtlinien beim Imker an. Prinzipiell ausgeschlossen sind allerdings besonders schadstoffbelastete Standorte etwa in unmittelbarer Nähe von Industrieanlagen oder an viel befahrenen Straßen wie einer Autobahn. Der Schwerpunkt der Öko-Imker liegt auf der artgerechten Haltung der Bienen, dem Verzicht auf aggressive Therapeutika und dem gesamtheitlichen

Ansatz. So soll die Bienenwohnung aus natürlichen Materialien wie Holz, Stroh oder Lehm gefertigt sein. Eine Innenbehandlung mit synthetischen Farb- und Konservierungsmitteln ist verboten und für den Außenanstrich sind nur natürliche Farben zugelassen. Erkranken die Bienenvölker, sind natürliche Präparate etwa auf der Basis von Ameisensäure, Milchsäure und Kräutertees sowie ätherische Öle erlaubt. Droht den Insekten im Sommer eine Hungersnot, dürfen sie nur mit Honig gefüttert werden. Zucker dürfen sie nur als Winternahrung naschen. Außerdem gehen die Qualitäts-Anforderungen an diesen Honig in puncto Wasser- und Enzymgehalt über die gesetzlichen Forderungen hinaus.

Nur die Früchte zählen

Während das konventionelle Angebot von Konfitüren, Marmeladen und Gelees dominiert wird, gibt es im Naturkosthandel eine große Auswahl an Fruchtaufstrichen. Nach den traditionellen Begriffen sucht man hier vergebens. Der Grund dafür ist einfach: Das deutsche Lebensmittelrecht, das die Bedingungen für eine solche Deklarierung vorgibt, schreibt als Süßungsmittel Industriezucker vor.

Für Marmeladen, Konfitüren und Gelees diktiert dieses Gesetz einen Gesamtzuckergehalt von mindestens 60

Prozent, der sich aus Fruchtzucker und Industriezucker zusammensetzt. Alle alternativen Süßungsmittel wie Honig, Apfel- oder Birnendicksaft, Agavendicksaft oder Gerstenmalz kommen in der Verordnung nicht vor. Die Fruchtpasten im Naturkostladen müssen also anders benannt werden: Sie heißen Fruchtaufstrich oder Fruchtmus.

Fruchtaufstriche überzeugen durch ihren hohen Fruchtgehalt, der deutlich über dem von konventionellen Marmeladen und Konfitüren liegt. Einige bringen es etwa

auf einen Anteil von 75 Prozent Frucht im Glas. Es gibt sogar Fruchtaufstriche ohne Zusatz eines Süßungsmittels. Diese sind allerdings nur begrenzt haltbar. Sie müssen nach dem Öffnen im Kühlschrank aufbewahrt und innerhalb einer Woche verzehrt werden. Farb- und Konservierungsmittel sind tabu. Die aromatischen Früchte stammen aus kontrolliert biologischem Anbau oder sind wild gewachsen, aber auf Rückstände geprüft. Das Obst wird in der Saison erntefrisch verarbeitet oder für die spätere Produktion tiefgefrostet.

Fruchtpulpe, ein mit schwefeliger Säure konservierter Fruchtbrei, der konventionell als Basis für Marmelade oder Konfitüre dient, kommt nicht ins Glas. Eine Schwefel-Konservierung muss nur dann deklariert werden, wenn der Restgehalt an Schwefeldioxid 30 Milligramm je Kilo überschreitet. Ist er niedriger, steht davon nichts auf dem Etikett. Die haltbare Fruchtpulpe sorgt für eine permanente Auslastung der Maschinen. Saisonale Pausen lassen sich damit ausschließen.

Für die gewünschte Süße setzen die Hersteller im Naturkosthandel Honig und Dicksäfte, etwa aus Apfel, Birne oder Agave sowie Sirup aus Mais, Reis oder anderen Getreidesorten ein. Damit die fruchtige Masse nicht vom Brot fließt, muss sie eine feste Konsistenz bekommen. Diese wird meist mit Apfelpektin erreichen. Pektine sind langkettige Kohlenstoffverbindungen, die in den Zellwänden von Äpfeln und Zitronen vorkommen. Sie

können Wasser binden und sorgen so für das Eindicken und Gelieren der Früchte.
Für die Lebensmittelindustrie werden Pektine aus getrocknetem Apfeltrester, Zuckerrübenschnitzeln oder Zitrusfruchtabfällen gewonnen.
Damit das Gelieren bei Fruchtaufstrichen und Konfitüren gelingt, muss der Säuregehalt stimmen. Den regulieren meist Zitronensäure oder Zitronensaft. Als Verdickungsmittel setzt die Naturkostbranche manchmal auch Johannisbrotkernmehl ein.
Statt auf lange Einkochzeiten unter hohen Temperaturen setzen die Bio-Anbieter auf kurzzeitige Eindickung der Früchte bei 50 bis 60 Grad im Vakuum-Kessel. Damit bleiben viele Vitamine und die Geschmacksstoffe erhalten.

Besondere Spezialitäten im Naturkosthandel sind Apfelkraut, Apfel-Birnen-Kraut, Birnen-Dattel-Kraut und Zuckerrübensirup. Sie bestehen aus Früchten, die schonend gekocht, entsaftet und unter Vakuum eingedickt werden. So entsteht aus sieben Liter Fruchtsaft etwa ein Liter konzentrierter Dicksaft. Diese Sorten sind auch ohne Zuckerzusatz zuckersüß. Ihr Zuckergehalt liegt von Natur aus zwischen 55 und 70 Prozent. Deshalb sollten sie nur dünn aufs Vollkornbrot gestrichen werden.
Fruchtaufstriche sind übrigens mehr als nur ein leckerer Brotbelag. Sie schmecken im Joghurt, Müsli, Quark

oder Grießbrei. Sie verfeinern Eis oder Pudding zum raffinierten Dessert und entfalten als Pfannkuchenfüllung ihren intensiven Fruchtgeschmack. Wer sich gerne selbst in die Küche stellt, findet feine Rezepte für selbst gemachte Fruchtaufstriche in diesem Buch.

Edle Nüsse im Glas

Nüsse sind nicht nur ein leckerer Knabbersnack. Geröstet oder blanchiert und anschließend fein zu Mus vermahlen, entstehen aus Mandeln, Haselnüssen, Cashewnüssen, Walnüssen, Sesam oder Erdnüssen köstliche, duftende Brotaufstriche mit einem vollmundigen Nussaroma. Der Wärmeprozess bei der Herstellung wirkt konservierend und sorgt dafür, dass die gehaltvollen Aufstriche nicht ranzig werden. Konservierungsstoffe haben in Nussmusen ohnehin nichts zu suchen. Sie sind in allen Nussmusen verboten, also nicht nur in Bio-Nussmusen.

Neben Klassikern wie Peanutbutter, Haselnuss- oder Erdnussmus findet man im Naturkostladen auch ausgefallenere Spezialitäten wie etwa weißes Mandelmus aus blanchierten süßen Mandeln und Tahin, ein aromatisches Sesammus mit besonders viel natürlichem Calcium. Außerdem gibt es noch mit Honig, Salz, Carob oder Kakao abgeschmeckte Nussmus-Variationen. Mit einem Fettgehalt von mindestens 35 Prozent (überwiegend

einfach und mehrfach ungesättigte Fettsäuren), 10 bis 20 Prozent Eiweiß und vielen B-Vitaminen, Vitamin E, Calcium, Magnesium, Kalium und Eisen gehören Nüsse zu wertvollen, allerdings auch zu energiereichen Nahrungsmitteln.
Zusätze wie Stabilisatoren, gehärtete Fette, Zucker, Emulgatoren oder Aromastoffe dürfen nicht in Bio-Nussmuse. Dass sich nach längerem Stehen der Gläser auf dem Mus ein Ölsee bildet, ist übrigens typisch für dieses Naturprodukt. Ohne bindende Hilfsstoffe setzt sich das Pflanzenöl nach oben ab. Es lässt sich durch kräftiges Umrühren wieder gleichmäßig in der Masse verteilen.

Tipp: Nussmuse schmecken außerdem lecker zu Soßen, Salaten, im Obstsalat und als Gebäckzutat.

Vorsicht Suchtgefahr: Schokocremes

So mancher kann davon gar nicht genug bekommen und löffelt die Schokocreme direkt aus dem Glas. Das ist jedoch zu viel des Guten. Die kalorienreiche Paste ist ein süßer Luxus auf dem Brot und sollte deshalb ganz bewusst und sparsam gegessen werden. Während konventionelle Nuss-Nougatcremes an der teuren Nusszutat geizen, halten die Bio-Alternativen was sie im Namen versprechen.

Sie bestehen zum Teil sogar zur Hälfte aus aromatischem Bio-Nussmus und enthalten dafür weniger Zucker. Raffinierter weißer Zucker ist durch Vollrohrzucker oder Honig ersetzt. Ein Blick aufs Etikett verrät, was sonst noch für den guten Geschmack sorgt: ungehärtete Pflanzenöle, Vollmilchpulver, Kakaopulver und eventuell noch echte Bourbon-Vanille.
Herkömmliche Nuss-Nougatcremes aus dem Supermarkt begnügen sich mit einem Nuss-Anteil zwischen 11 und 13 Prozent und gleichen dieses Manko mit einem deutlich höheren Gesamtzuckergehalt aus. Um eine gleich bleibende Konsistenz zu garantieren, sind die Zutaten mit Emulgatoren (Sojalecithin) und Stabilisatoren verrührt. Aromastoffe sorgen für den gewünschten Geschmack.

Carob: Schoko-Ersatz

Dunkelbraun sind Carobpasten, doch mehr haben sie mit Schokocremes nicht gemeinsam, auch wenn manch einer ihr Image als Kakaoersatz ganz gerne pflegt. Basis ist Johannisbrotmehl, ein fein zermahlenes Pulver aus dem nährstoffreichen Fruchtfleisch der Samen. Der immergrüne Baum, in dessen krummen, braunen Schoten die Samen verborgen sind, gehört zur Familie der Leguminosen. Der Johannisbrotbaum wächst in Spanien, Italien, Marokko, Portugal, der Türkei sowie in

Griechenland und auch in Kalifornien. Weil sein Samen ein konstantes Gewicht auf die Waage bringt, soll er übrigens vor Jahrtausenden als natürliche Maßeinheit für Diamanten genutzt worden sein. Abgeleitet von seinem lateinischen Namen Ceratonia soll er dem Diamantengewicht den Namen Karat gegeben haben.

Das Fruchtfleisch der Samen enthält viel Stärke und Fruchtzucker, Vitamine und Mineralstoffe sowie Eiweiß und nur wenig Fett. Es schmeckt süßlich, aber auch etwas bitter und ganz anders als Kakao. In Südeuropa bekommen Kinder die ganzen Schoten roh zum Naschen. Ebenfalls anders als Kakao ist Carob frei von den anregendenen Substanzen Theobromin und Coffein. Neben der Herstellung von süßen Brotaufstrichen oder anderen schokoladenähnlichen Produkten nutzt die Nahrungsmittelindustrie die bindenden Eigenschaften von Johannisbrotmehl etwa bei der Herstellung von Eis oder Wurst.

Damit Carobaufstriche angenehm süß schmecken, kommen Maismalzpulver oder andere alternative Süßungsmittel ins Spiel. Ungehärtete Pflanzenfette und Nussmuse sowie Sojamehl sorgen für eine streichfähige Konsistenz und einen ansprechenden Geschmack. Damit sich die einzelnen Bestandteile nicht wieder voneinander trennen, muss ein Emulgator dazu. Diese Aufgabe übernimmt das Sojalecithin.

Verwandlungskünstler: Pesto, Pasten und Co.

Mit einigen leckeren Aufstrichen lässt sich viel mehr anrichten, als sie nur aufs Brot zu streichen. Besonders die Herzhaften mit Gemüse eignen sich hervorragend als Grundlage für Soßen. Champignon- oder Auberginenpaste können nach Gusto mit einem Schuss Sahne oder Milch, Öl und Kräutern verlängert werden. Diese Pasten passen auch zu Nudeln oder Aufläufen. Der Klassiker dafür ist Pesto, die aromatische Paste aus Basilikum, Pinienkernen, Parmesan, Pecorino, Olivenöl und Knoblauch. In null Komma nichts entsteht damit eine Pasta-Soße. Pesto und Co stehen für Spezialitäten aus dem Süden, die es inzwischen reichlich in bester biologischer Qualität gibt. Übrigens gibt es inzwischen vom Original abweichende Pesto-Angebote: Neben dem *Genovese* mit Knoblauch oder dem *Tradizionale* aus Ligurien solches ganz ohne Käse für Milcheiweißallergiker oder die rote Alternative *Pestomato* aus getrockneten Tomaten.

Auch der Zucchini-Basilikumaufstrich und das Avocadomus passen sowohl zu Brot, als Dip für Gemüsestreifen und zu den schlanken *Grissini*-Stangen zum Knabbern. Die verfeinerte Gemüsebutter, mit Möhren, Tomaten

oder Senf peppt den Grillteller garantiert verlockender auf als Ketchup oder eine fertige Grillsoße.
Die Pasten schmecken mit Oliven in grün und schwarz, pur oder gefüllt in Paprika, mit Knoblauch oder Mandeln, eingelegten Pepperoni mild oder scharf sowie getrockneten Tomaten, Paprika und Gemüse. Sie passen zu Artischocken und Auberginen mit Kräutern oder als Creme beziehungsweise Püree. Da soll schon manches Glas, manche Schüssel konsequent ausgelöffelt worden sein – pur! Natürlich dürfen auch Pasta oder selbst gemachtes Pizzabrot, aufgebackene Pita oder Stockbrot vom offenen Feuer dazu gereicht werden. Eine schnelle Knabbervariante ist auch, die Pasten auf Kracker zu streichen.

Die Italiener verwenden ohnehin so ziemlich jedes Gemüse für ihre Soßen. Sie können aus einer einzelnen Gemüseart oder aus mehreren Sorten bestehen. Verfeinert werden sie oft mit Kräutern und Gewürzen. Manche Soßen basieren auf Nüssen, Käse oder gar Zitronen. Anderen verleiht Fisch (Thunfisch oder Sardellen) ihren speziellen Geschmack. Für die fleischlosen Soßen werden im Allgemeinen zwei Begriffe verwendet: *salsa* bedeutet einfach *Soße* und *sugo* heißt übersetzt *Saft*. Alle Soßen enthalten feinstes kalt gepresstes Olivenöl oder Butter, manchmal auch Sahne. Es gibt Öl- und Butter-Soßen, die ausschließlich mit Gewürzen wie Salbei, Safran, Muskat,

Chili oder Kardamom verfeinert sind. Klassisch ist die „*burro con salvia*", Salbeibutter. Die Zutatenliste für *salsa* und *sugo* ist unendlich groß: Viele enthalten Tomaten und andere Gemüse wie Oliven, Auberginen, Spinat, Spargel, Zucchini und Bohnen.

Bruschetta und mehr

Wer etwas Ausgefallenes selber machen möchte, der kreiere *Bruschetta.* So nennen die Italiener üblicherweise ihr Weißbrot mit Oliven. Es lässt sich aber auch üppiger gestalten mit Bauernbrot und Gemüse, das in Knoblauch und Öl kurz gedünstet ist. Auch die Brotscheiben in Olivenöl braten und dann mit der Gemüsemischung und frischen Kräutern belegen. Besonders gut schmecken Gemüse- und Tomatenaufstriche auf leicht gerösteten oder gegrillten Brotscheiben. Diese abschließend kurz mit Käse überbacken.

Knobi: Die urgesunde Knolle

Knoblauch hat es in sich, man schmeckt's und man riecht's. *Aioli,* also Knoblauchmajonäse, oder Knoblauch-Kräuterbutter wertet alle Brotsorten, Pasta und Rohkost auf. Die Heimat des Knoblauchs *(Allium sativum)* liegt in Zentralasien. In Sizilien und im Mittelmeergebiet kommt er auch wild vor. Die ausdauernde, mehrjährige Staude gehört zur Gattung Lauch *(Allium)* und wird der Familie der Liliengewächse zugeordnet. Das althochdeutsche Wort *„clofolauh"* heißt soviel wie gespaltener Lauch. Gemeint ist damit wohl die eiförmige Hauptzwiebel, um die herum sich die gekrümmten, abtrennbaren Nebenzwiebeln (Knoblauchzehen) gruppieren. Im Bio-Anbau beginnt eine spezielle Fruchtfolge mit vier Jahren Luzerne, in denen sich der Boden regenerieren kann. Im Zehn-Jahres-Zyklus werden dann noch Getreide (Weizen, Gerste) und selten mehr als drei- bis viermal Knoblauch angebaut. Während konventionelle Landwirte in wärmeren Regionen Tausende von Hektar mit Knoblauch bepflanzen, zählen südeuropäische Biobauern schon mit wenigen Hektar zu den größten Erzeugern.

Frisch geernteter Knoblauch schmeckt nicht nur besser, das heißt intensiver und trotzdem milder, er ist auch reicher an Wirkstoffen. Als wichtigste Heilsubstanz betrachtet die Wissenschaft das *Allicin*, das erst nach dem Anschneiden durch die Aktivität des Enzyms *Alliinase* aus dem geruchlosen *Alliin* entsteht. Man nimmt an, dass *Allicin* die Pflanze auch vor Schädlingsbefall schützt. Unter Sauerstoffeinfluss bilden sich aus *Allicin* verschiedene Schwefelverbindungen, darunter auch *Diallyldisulfid*, das primär für den charakteristischen Knoblauchgeruch verantwortlich ist. Es wandert rasch ins Blut und wird über Lunge und Haut abgeatmet. Die gefürchtete Knoblauchfahne stammt jedenfalls nicht aus dem Magen.

Allicin wirkt antibakteriell (antibiotisch) und verhindert die Blutverklumpung in den menschlichen Gefäßen. Auch Atemwegserkrankungen sprechen erfahrungsgemäß gut auf Knoblauch an. Die zahllosen therapeutischen Effekte des Knoblauchs gehen aber nicht allein auf die 33 Schwefelverbindungen zurück. Die Vitamine A, B, C, D, E und K, Hormone, Fermente, Flavonoide sowie Aroma- und Mineralstoffe sind auf vielerlei Weise an der

Gesamtwirkung beteiligt. Bemerkenswert ist die hohe Konzentration des Spurenelements Selen, das für die Immunabwehr und die Entgiftung bedeutsam ist. Auch das seltene Germanium kommt in Knoblauch reichlich vor. Es kann die Produktion der körpereigenen Fresszellen anregen und soll im Verein mit den Antioxidantien (Vitamin C, Provitamin A) auch das Wachstum von Krebs hemmen. Zumindest Tierversuche legen diese Vermutung nahe.

Knoblauch senkt den Cholesterinspiegel und den Blutdruck, hilft bei Venenleiden und Krampfadern, lindert Hämorrhoidalbeschwerden und beugt allgemein Alterungsprozessen vor. Selbst bei Ischias, Zahn- und Ohrenschmerzen, Nikotinvergiftung, Diabetes und äußerlich als letztes Mittel bei hartnäckigen Hautausschlägen soll Knoblauch in Einzelfällen schon geholfen haben. Der Geruch, der ausdünstet, lässt sich durch Petersilie, Kaffeebohnen oder Gewürznelken eindämmen, so heißt es jedenfalls.

Knoblauch passt zu Fleischgerichten wie zu Vegetarischem, mundet angebraten oder gedünstet ebenso wie in Öl und Essig eingelegt oder pur und kalt. Für ein Butterbrot mit frischem, rohen Knoblauch würden Genießer meilenweit gehen.

Das Passende für Drunter: Brot, Brötchen und Co.

Vier Scheiben Brot und ein Brötchen isst jeder Deutsche am Tag und kommt damit auf einen Pro-Kopf-Verbrauch von etwa 85 Kilogramm im Jahr. Niemand sonst in der Europäischen Union verzehrt mehr Brot als die Deutschen. Besonders begehrt sind Mischbrote, gleich dahinter folgen Mehr- und Vollkornbrote. Es gibt regionale Unterschiede: In Ostdeutschland stehen Roggenvollkornbrote ganz oben auf der Einkaufsliste, im Norden Mehrkornbrote. Der Westen bevorzugt Vollkornbrot, im Süden schneidet hingegen Weizenvollkorn so gut ab wie nirgends sonst in Deutschland. Mit circa 300 verschiedenen Brotsorten führt Deutschland in Europa das breiteste Sortiment.

Trotz dieses regen Konsums schrumpft die Zahl der selbstständigen Bäckermeister seit Jahren. Der Nachwuchs lässt sich nur schwer begeistern. Mitten in der Nacht aufstehen und früh schlafen zu müssen, macht den Beruf unattraktiv. Nur noch 20.500 kleine Bäckereien gab es Ende 1999. Ihr Marktanteil liegt bei 35 Prozent. Den größten Teil unseres täglichen Brotes fabrizieren Großbäckereien oder Brotfabriken, die ihre Ware tiefgekühlt oder frisch in eigenen Filialen oder an Supermärkte verkaufen.

Längst wird dort nicht mehr nur Mehl, Wasser, Salz und Backtriebmittel wie Hefe, Sauerteig oder Backferment zusammengerührt. In großem Stil werden Fertigmischungen und chemische Backhilfsmittel eingesetzt – übrigens auch beim selbstständigen Bäcker.

Chemie mischt mit

In den praktischen Backmischungen, die heute beim Bäcker gerne zum Einsatz kommen, verbergen sich Zutaten, von denen der Verbraucher nichts ahnt. Enzyme und Emulgatoren verhindern, dass die Teigmasse an den Maschinen festklebt oder lassen die Brotlaibe besser aufgehen. Diese Hilfsstoffe werden häufig aus gentechnisch veränderten Mikroorganismen gewonnen. Ascorbinsäure etwa, den meisten als Vitamin C bekannt, wird dem Mehl zugefügt, damit sich die Backeigenschaften verbessern. Diese Ascorbinsäure ist meist gentechnisch hergestellt. Auch Sojamehl, das häufig in Backmischungen steckt, kann von genmanipulierten Pflanzen stammen. Der Verbraucher kann nicht auf Anhieb erkennen, welche Zutaten in den Backwaren stecken. Lose, unverpackte Produkte unterliegen keiner direkten Kennzeichnungspflicht. Die Zutatenliste kann höchstens beim Bäcker eingesehen werden. Nur – wer macht das schon? Selbst auf verpacktem Brot findet sich nicht jede Zutat. Enzyme sind beispielsweise von der Deklarationspflicht befreit.

Ratzfatz selbst gebacken

Wer ganz sicher gehen will, kauft Bio-Brot, das keine industriellen Zusatzstoffe enthält. Oder aber, er backt Brot selbst. Mit Brotbackautomaten geht das heutzutage einfach: Zutaten hineinschütten, Knöpfe drücken, den Rest – kneten, gären, backen – übernimmt das computergesteuerte Gerät ganz von selbst. Allerdings gelingt so nicht jedes Brot. Der Teig für reine Roggenmischbrote ist zu schmierig, bleibt am Rand der Backform kleben und kann deshalb vom Knetarm nicht richtig durchgerührt werden. Die Zutaten für Misch- und Vollkornbrote lassen sich aber von den Maschinen gut verarbeiten.

Wie Aufbewahren?

In sauberen, trockenen und luftdichten Behältern hält sich Brot am besten. Brottöpfe sollten möglichst dicht schließen, damit das Brot nicht zu schnell austrocknet und hart wird. Verpacktes Brot hält sich in den Originalverpackungen am längsten. Übrigens: Der Hinweis „ohne Konservierungsstoffe“ besagt lediglich, dass der einzig erlaubte Konservierungsstoff Sorbinsäure nicht verwendet wurde. Für gewöhnlich wird verpacktes Brot pasteurisiert. Das heißt, das Brot wird noch einmal mitsamt der Verpackung für 15 Minuten auf etwa 70 Grad erhitzt. Dies bietet einen guten Schutz vor Schimmel.

Sortenübersicht:

Immer neue phantasievolle Namen wie Kraftbrot, Vitalbrot oder Mühlenlaib gaukeln eine noch größere Brotvielfalt vor. Meist sind die Grundteige jedoch identisch mit normalen Brotteigen. Um den Verbraucher vor groben Täuschungen zu schützen, hat der Gesetzgeber einige Empfehlungen in Form von Leitsätzen für Brot und Feinbackwaren innerhalb des Lebensmittelrechts erlassen. Es sind zwar keine Gesetze, doch amtliche Lebensmittelkontrolleure beziehen sich in der täglichen Praxis auf diese Empfehlungen als Beurteilungsgrundlage. In der Grauzone zwischen Empfehlung und Gesetz wäre ein Schwindel in der Backstube jedoch theoretisch möglich.
Diese Leitsätze schreiben beispielsweise für **Weizenmischbrote** einen Weizenmehlanteil von 51 Prozent vor. Ähnliches gilt für **Roggenmischbrote**, die zu mindestens 51 Prozent Roggenmehl enthalten. Das gleiche gilt für **Brötchen**.
Der Geschmack hängt von der Mehlmischung und dem Backtriebmittel ab. Je mehr Roggen und Sauerteig, desto kräftiger und würziger schmeckt das Brot. **Steinofenbrote** werden in Öfen gebacken, die aus Natur- oder Kunststein, Schamott oder anderen Materialien bestehen, wie zum Beispiel aus metallischen Innenverkleidungen. Das Wort *Steinofen* bezeichnet nur die Garmethode. Über die Zusammensetzung des Brotes sagt die Bezeichnung nichts

aus. Gleiches gilt für **Holzofenbrote**, die in mit Holz befeuerten steinernen Öfen gebacken werden.
Vollkornbrot heißt so, weil das Mehl oder der Schrot noch sämtliche wertvollen Bestandteile des Getreidekorns enthalten. Es wird aus mindestens 90 Prozent Roggen- und Weizenvollkornmehlen oder -schroten hergestellt. Vertragsbäcker anerkannter Öko-Verbände in Deutschland müssen strengere Vorschriften erfüllen und zum Teil sogar 100 Prozent Vollkorn in ihren Broten verbacken. Auch **Vollkornbrötchen** müssen einen Anteil von 90 Prozent Vollkornmehl enthalten (und mittlerweile auch konventionelle Vollkornbrötchen).
Das Verhältnis der Getreidesorten kann beliebig variieren. Anders jedoch, wenn das Brot einen speziellen Namen hat. Ein Weizenvollkornbrot besteht zu mindestens 90 Prozent aus Weizen, das Roggenvollkornbrot zu mindestens 90 Prozent aus Roggen. **Schrotbrote** müssen nicht zwangsläufig Vollkornbrote sein. Schrot bedeutet nur, dass das Mehl nicht so fein gemahlen wird. Sie enthalten mindestens 90 Prozent Roggen- oder Weizenbackschrot. **Mehrkornbrote** enthalten außer Weizen und Roggenmehlen noch Mehle anderer Getreidearten, oft Gerste oder Hafer. Die Namen der Brote richten sich meistens nach der Zahl der verwendeten Getreidearten wie etwa beim Fünf-Korn-Brot. Wird eine Getreideart außer Roggen und Weizen besonders hervorgehoben, so muss sie zu mindestens 20 Prozent

enthalten sein. Heißt der Laib **Sonnenblumenkern-** oder **Leinsamenbrot**, müssen auf 100 Kilogramm Mehl mindestens acht Kilogramm der entsprechenden Ölsamen dazugegeben werden. Die gleichen Anteile müssen in **Kürbiskern-** oder **Sonnenblumenbrötchen** verwendet werden.

Knäckebrot ist ein wasserarmes Gebäck, das aus Schweden und Finnland stammt. Der Feuchtigkeitsgehalt beträgt höchstens zehn Prozent. Dadurch ist das krosse Brot mehrere Monate haltbar. Es darf nicht zusammen mit anderen Broten gelagert werden, weil es sonst deren Feuchtigkeit aufnimmt und pappig wird. Knäckebrot wird aus Weizen- und Roggenmehl gemacht, je nach Rezeptur kommt Vollkornmehl oder Auszugsmehl zum Einsatz.

Reine **Weizen- und Weißbrote** oder Brötchen bestehen aus mindestens 90 Prozent Weizenauszugsmehl. Solche Brote schmecken frisch am besten, weil sie schnell austrocknen. Auch das französische **Baguette** zählt zu den Weißbroten. Toastbrote sind ebenfalls überwiegend aus Weizenmehl hergestellt. Seinen besonderen Charakter enthält Toast durch Fett und meist auch Zucker, die dem Teig zugegeben werden. Am meisten Fett steckt in Buttertoast. Es enthält mindestens fünf Kilogramm Butter oder entsprechende Mengen Butterfett auf 100 Kilogramm. Den typischen Geschmack bekommt das feinporige, weiche Brot beim Rösten.

Unser täglich Brot

Dass sich ein Körnerfladen aus Grassamenteig zu einem der wichtigsten Grundnahrungsmittel auf der ganzen Welt entwickeln würde, konnten unsere Vorfahren vor Tausenden von Jahren noch nicht ahnen. Brot kommt täglich auf den Tisch – wenn auch deutlich weniger als noch vor 100 Jahren. Eine Vielzahl neuer Nahrungsmittel wie etwa Fertiggerichte aus der Tiefkühltruhe oder schnelle Snacks aus der Tüte und veränderte Ernährungsgewohnheiten haben das Getreideprodukt als *die Nahrungsgrundlage* verdrängt. Dabei gilt bei Ernährungswissenschaftlern die Brotzeit nach wie vor als Basis für eine ausgewogene, gesunde Ernährung – vorausgesetzt im Brotkorb liegt auch Vollkornbrot.

Vollkornbrot mit allen Bestandteilen des Getreidekorns liefert wichtige Nährstoffe wie Eiweiß, Vitamine, Spurenelemente, Mineralstoffe, Kohlenhydrate und essentielle Fettsäuren. Die ballaststoffreiche Getreideschale sorgt für eine funktionierende Verdauung und enthält dazu besonders viele Mineralstoffe. Im winzigen Keimling im Korninneren verbergen sich viel hochwertiges Eiweiß sowie Vitamine der B-Gruppe, Vitamin E, Carotin und Spurenelemente. Zu 80 Prozent besteht das Getreidekorn aus dem kohlenhydratreichen Mehlkörper. Er liefert hauptsächlich Stärke und macht uns satt. Mineralstoffe wie Kalium, Phosphor, Magnesium und Eisen sowie die Spurenelemente Kupfer, Mangan und Zink unterstützen den Energie- und Nervenstoffwechsel und halten den Stoffwechsel in Gang.

Das Gerücht, dass Brot dick machen soll, stimmt übrigens nicht – zumindest wenn es um Vollkornbrot geht, denn das ist ausgesprochen fettarm. Die Gefahr, dass man zu viel davon isst, ist gering. Vollkornbrot muss wegen seiner festen Struktur länger und intensiver gekaut werden. Größere Brotmengen lassen sich nicht hastig herunterschlucken. Das Sättigungsgefühl setzt dadurch viel eher ein. Die voluminösen Ballaststoffe füllen den Magen und signalisieren: „Ich bin satt". Durch vermehrtes Kauen wird das Zahnfleisch gut durchblutet. Das wiederum regt den Speichelfluss an und reduziert die Kariesgefahr, weil kaum Essensreste im Mund bleiben. Für alle, die sich mit Verstopfung plagen, ist Vollkornbrot ein ideales Nahrungsmittel. Die Ballaststoffe quellen im Verdauungstrakt auf und bringen einen trägen Darm auf Trab.

Ein Dickmacher ist meist der Brotbelag, insbesondere wenn es sich um gehaltvollen Käse, Butter, Wurst oder süße Aufstriche handelt, die fingerdick aufgelegt werden. Helles Brot oder Brötchen verführen dazu ganz besonders, weil sie selbst nach wenig schmecken. Als Faustregel gilt: Die Brotscheibe soll dicker sein als der Belag und nicht umgekehrt. Fettreiche Aufstriche sollten dünn aufs Brot gestrichen werden, so dass die Brotporen noch sichtbar bleiben.

Optische Täuschung

Wer reines Vollkornbrot kaufen möchte, sollte sich nicht von einer Hand voll Körner oder Flocken im Brot beeindrucken lassen. Auch eine dunkle Teigfarbe ist noch kein verlässliches Zeichen. Dahinter kann färbende Zuckercouleur stecken. Was man außerdem noch wissen sollte: Vollkornbrot darf bis zu 10 Prozent weißes Mehl sowie Altbrot enthalten, Backmittel und Konservierungsstoffe sind erlaubt. Bei abgepacktem Brot muss die Deklaration auf der Verpackung darüber Auskunft geben, bei loser Ware in der Backwarenabteilung lohnt sich der Blick auf das Regalschild oder die Frage an die Verkäuferin.

Nährstoffspeicher Vollkorn

Vollkornbrot vom Bio-Bäcker unterliegt strengeren Kriterien als Vollkornbrot aus konventionellen Zutaten. Vertragsbäcker anerkannter Öko-Verbände müssen sich an die vorgegebenen Richtlinien halten. Einige Anbauverbände schreiben ihren Vertragsbäckern bei der

Herstellung von Vollkornbrot und Vollkornbrötchen sogar zwingend einen 100-prozentigen Vollkornanteil vor. Hinein dürfen immer nur Öko-Körner aus kontrolliert biologischem Anbau. Roggen, Weizen, Hafer oder Gerste, Dinkel, Kammut, Mais oder Reis wachsen in einem gesunden Boden ohne chemisch-synthetische Düngergaben. Pestizide sind verboten. Das ist gerade bei Vollkornbackwaren besonders wichtig. Denn Schadstoffe aus der Luft lagern sich insbesondere in der äußeren Kornhülle ab. Deshalb schreibt der Gesetzgeber eine gründliche Reinigung vor der Verarbeitung in der Mühle vor. Dabei gehen etwa 0,5 Prozent der äußeren Schale verloren.

Ein weiterer Pluspunkt von Bio-Vollkornbrot: Zusatzstoffe wie Enzyme, aber auch gentechnisch hergestellte Hefen sind verboten. Der Sauerteig wird in der Backstube selbst hergestellt, erlaubt ist außerdem ein aus Hefen und Sauerteig bestehendes Backferment. Vertragsbäcker anerkannter Bio-Anbauverbände brauchen keine Konservierungsstoffe, weil sie das Getreide erst unmittelbar vor der Verarbeitung in der hauseigenen Mühle frisch mahlen. Das intakte Getreidekorn selbst ist ein optimaler Vorratsspeicher und jahrelang ohne Nährstoffverluste und ohne zu verderben lagerfähig. Wird die Schale beim Mahlen aufgebrochen, dann kommt der fetthaltige Keimling mit Sauerstoff in Kontakt. Die Folge: wertvolle Öle oxidieren, das Mehl wird ranzig. Ein Grund, weshalb konventionelle Vollkorn-Fertigbackmischungen, die schon fix und fertig von der Mühle in die Backstube wandern, haltbar gemacht werden müssen. Bei weißem Mehl besteht diese Gefahr nicht: Ihm fehlen die Randschichten und der fetthaltige Keimling. Das ist ein Grund für die lange Lagerfähigkeit des Mehls, aber auch für die ernährungsphysiologisch betrachtet minderwertige Qualität.

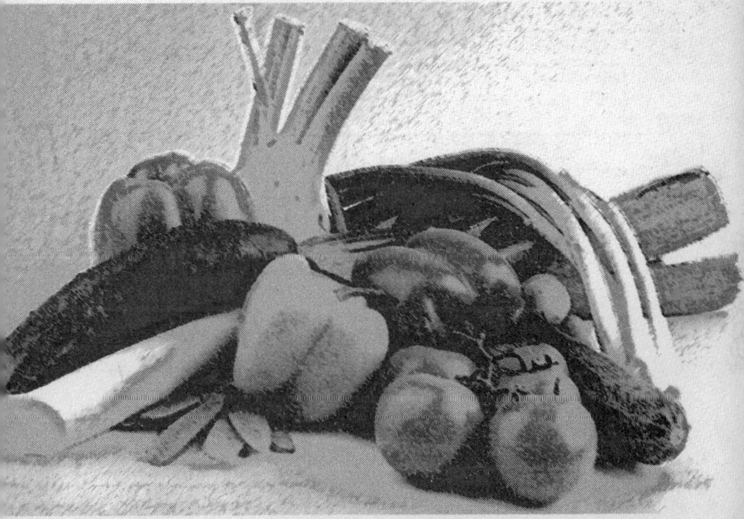

Inhalt Rezepte Brotaufstriche

Süße Brotaufstriche

Herzhafte Brotaufstriche

Trockenfrüchte-Aufstrich

Zutaten für ca. 350 g

8 getrocknete Aprikosen
4 getrocknete Feigen
200 ml Saft von unbehandelten Orangen
8 Datteln
200 g Natur-Frischkäse
2 EL süße Sahne
evtl. 1 EL Agavendicksaft

Zubereitung:

Die getrockneten Aprikosen sowie die Feigen in kleine Stücke schneiden. Den Orangensaft erwärmen, die Trockenfruchtstücke damit übergießen und mindestens 2 Stunden einweichen.
In der Zwischenzeit die Datteln entsteinen, grob zerteilen und zusammen mit dem Frischkäse sowie der Sahne in einem Mixer pürieren. Anschließend die klein geschnittenen Trockenfrüchte unterheben. Sollte die Käsecreme zu fest sein, etwas von dem Orangensaft unterrühren. Ist der Aufstrich nicht süß genug, kann er mit Agavendicksaft nachgesüßt werden.

Zubereitungszeit: ca. 15 Minuten + 2 Stunden Einweichzeit.

Dattelcreme

Zutaten für ca. 250 g

8 Datteln
1/2 Banane
1/2 Orange
1 TL Zitronensaft
2 EL Mandeln
125 g Butter

Zubereitung:

Die Datteln entsteinen, die Banane und die Orange schälen und grob zerkleinern. Den Zitronensaft über die Banane geben. Datteln und Früchte mit einem Pürierstab oder im Mixer pürieren. Die Mandeln fein mahlen und zusammen mit den Früchten sowie der Butter zu einer Creme rühren.

Zubereitungszeit: ca. 15 Minuten.

Marzipanaufstrich

Zutaten für ca. 200 g

100 g Mandeln
100 g Butter
50 g Honig
1/2 TL Rosenwasser

Zubereitung:

Die Mandeln kurz in kochendem Wasser blanchieren, häuten und im Mixer fein mahlen. Die Butter mit den Quirlen des Handrührgerätes schaumig aufschlagen und den Honig sowie die gemahlenen Mandeln unterrühren. Den Marzipanaufstrich mit Rosenwasser abschmecken.

Zubereitungszeit: ca. 20 Minuten.

Carob-Zimtcreme

Zutaten für ca. 350 g

2 EL Rohrohrzucker
200 g süße Sahne
80 g gemahlene Mandeln
40 g Carobpulver
1 TL Zimtpulver
1/2 TL gemahlene Vanille
1/4 TL gemahlener Koriander

Zubereitung:

Den Zucker im Mixer zu feinem Staub zerkleinern. Die Sahne zusammen mit dem Zucker sehr steif schlagen. Danach die Mandeln sowie das Carobpulver vorsichtig unterziehen. Die Carobcreme mit Zimtpulver, Vanille und Koriander abschmecken.

Zubereitungszeit: ca. 10 Minuten.

Süßer Tofuaufstrich

Zutaten für ca. 350 g

250 g Natur-Tofu
1 EL süße Sahne
2 EL Kakaopulver
2 EL fester Honig
evtl. 2 EL Rosinen

Zubereitung:

Den Natur-Tofu mit einer Gabel fein zerdrücken. Den Tofu zusammen mit der Sahne, dem Kakaopulver sowie dem Honig in einen Mixbecher geben und fein pürieren. Nach Belieben die Rosinen untermischen.

Zubereitungszeit: ca. 10 Minuten.

Nuss-Nougataufstrich

Zutaten für ca. 400 g

100 ml Milch
70 g weiche Butter
90 g Vollrohrzucker
60 g Haselnüsse
100 g Nougat

Zubereitung:

Die Milch mit der Butter in einen Topf geben und erwärmen, bis die Butter geschmolzen ist. Den Zucker zugeben und so lange rühren, bis er sich aufgelöst hat. Die Haselnüsse fein mahlen und anschließend zusammen mit dem mit einer Gabel zerkleinerten Nougat unterrühren. Die Masse mit einem Kochlöffel zu einem homogenen Aufstrich verarbeiten.

Zubereitungszeit: ca. 20 Minuten.

Schoko-Mandelcreme

Zutaten für ca. 350 g

50 g Mandelmus
50 ml Milch
50 ml süße Sahne
50 g Vollrohrzucker
50 g Zartbitterschokolade
50 g Vollmilchschokolade
60 g Mandeln

Zubereitung:

Das Mandelmus mit der Milch und der Sahne in einem Topf erwärmen. Den Zucker zufügen und rühren bis er sich aufgelöst hat. Die Schokolade in Stücke brechen, in die warme Flüssigkeit geben und unter Rühren schmelzen lassen. Die Mandeln fein mahlen und abschließend mit einem Kochlöffel unter die Schokoladencreme mischen.

Zubereitungszeit: ca. 20 Minuten.

Mandel-Vanillecreme

Zutaten für ca. 550 g

500 ml Milch
45 g Speisestärke
3 EL Vollrohrzucker
1 Vanillestange
2 EL Amaretto (oder Orangensaft)
100 g gemahlene Mandeln

Zubereitung:

Von der Milch 6 Esslöffel abnehmen und mit der Speisestärke sowie dem Zucker verquirlen. Die Vanillestange der Länge nach aufschlitzen und das Vanillemark herauslösen. Die restliche Milch zusammen mit dem Vanillemark sowie der aufgeschlitzten Vanillestange in einen Topf geben und aufkochen lassen. Nach dem Aufkochen die Vanillestange entfernen und die angerührte Speisestärke einrühren. Die Masse unter Rühren erneut aufkochen lassen und vom Herd nehmen. Amaretto sowie die gemahlenen Mandeln unterziehen. Die Mandel-Vanillecreme im Kühlschrank abkühlen und fest werden lassen.

Zubereitungszeit: ca. 15 Min. + ca. 2 Std. Zeit zum Festwerden.

Weiße Kokoscreme

Zutaten für ca. 400 g

100 ml Milch
70 g weiche Butter
90 g Vollrohrzucker
100 g weiße Blockschokolade
60 g Kokosraspel

Zubereitung:

Die Milch mit der Butter in einen Topf geben und erwärmen bis die Butter geschmolzen ist. Den Zucker zugeben und so lange rühren, bis er sich aufgelöst hat. Die Blockschokolade im heißen Wasserbad schmelzen und zusammen mit den Kokosraspeln unter die Buttermasse rühren. Die Masse mit einem Kochlöffel zu einem cremigen Aufstrich verarbeiten.

Zubereitungszeit: ca. 15 Minuten.

Schoko-Pflaumenkonfitüre

Zutaten für ca. 500 g

1 kg frische Pflaumen
300 g Vollrohrzucker
200 g Zartbitter-Blockschokolade
abgeriebene Schale einer halben, unbehandelten Orange
abgeriebene Schale einer halben, unbehandelten Zitrone
1/2 TL Zimtpulver
je 1 Msp. gemahlener Koriander, Sternanis, Muskat, Muskatblüte, Fenchel, Nelken, Kardamom

Zubereitung:

Die Pflaumen waschen, entsteinen und die Kerne herauslösen. Die Früchte zusammen mit dem Zucker in eine Schüssel geben und am besten über Nacht Saft ziehen lassen. Am nächsten Tag die Pflaumen in einen Topf geben und circa 90 bis 120 Minuten leicht köcheln lassen. Danach die in grobe Stücke zerteilte Blockschokolade zugeben und schmelzen lassen. Die Marmelade mit der Orangen- und der Zitronenschale sowie den Gewürzen fein abschmecken und noch heiß in Gläser füllen. Die Gläser fest verschließen und auf dem Kopf stehend abkühlen lassen.

Zubereitungszeit: ca. 3 1/2 Stunden + Saft ziehen lassen über Nacht.

Tipp: Die Marmelade kann auch mit 300 g fertigem Pflaumenmus anstatt mit frischen Pflaumen zubereitet werden. Es muss dann auch kein weiterer Zucker zugesetzt werden. Das Mus muss lediglich erhitzt werden, mit der Schokolade verschmelzen und gewürzt werden.

Beerenfrüchte-Konfitüre

Zutaten für ca. 350 g

500 g frische Beeren (z.B. Himbeeren, Johannisbeeren, Erdbeeren usw.)
200 g Agavendicksaft (oder Birnendicksaft, Honig, Ahornsirup o.ä.)
1 TL Agar-Agar
Saft einer halben, unbehandelten Zitrone
1 TL gemahlene Vanille

Zubereitung:

Die Beeren waschen, putzen und je nach Größe zerkleinern. Die Früchte mit dem Agavendicksaft in einen Topf geben und bei mittelstarker Hitze circa 30 Minuten kochen. Die Fruchtmasse mit einem Pürierstab oder im Mixer pürieren.
Das Agar-Agar in dem Zitronensaft anrühren, zu dem Beerenmus geben und alles gut verrühren. Den Fruchtbrei aufkochen lassen und das Geliermittel unter ständigem Rühren etwa 2 Minuten untermengen. Die Marmelade mit der Vanille abschmecken und noch heiß in Gläser füllen. Die Marmelade erst leicht abkühlen und fest werden lassen. Danach mit einem Deckel fest verschließen.

Zubereitungszeit: ca. 35 Minuten.

Hinweis: Agar-Agar ist ein rein pflanzliches, geschmacksneutrales Geliermittel aus Rotalgen. Im Naturkostladen gibt es Agar-Agar als Flocken und in Pulverform. Je nach Hersteller sind die Mengenangaben unterschiedlich. Am besten auf die Packungshinweise achten und eine Gelierprobe machen. Das Pulver wird immer in die kalte Flüssigkeit eingerührt und muss etwa 2 Minuten aufkochen. Agar-Agar entfaltet seine gelierende Wirkung erst beim Abkühlen. Je nach Einsatzmenge macht es Speisen sämig bis schnittfest.

Brombeer-Konfitüre

Zutaten für ca. 150 g

300 g Brombeeren
1 EL Honig
1/2 TL Agar-Agar
Saft einer halben, unbehandelten Zitrone

Zubereitung:

Die Brombeeren waschen, putzen und auf kleiner Flamme etwa 25 Minuten köcheln lassen. Danach das Brombeermus durch ein Sieb streichen, um die Kernchen zu entfernen. Das Brombeermus erneut in den Topf geben und den Honig unterrühren. Das Geliermittel in dem Zitronensaft auflösen und zu dem Brombeermus geben. Die Fruchtmasse unter Rühren aufkochen und etwa 2 Minuten kochen lassen. Das Brombeer-Gelee noch heiß in ein Einmachglas füllen. Das Gelee zunächst leicht abkühlen und fest werden lassen und danach fest verschließen.

Zubereitungszeit: ca. 40 Minuten.

Hinweis: Zum Umgang mit Agar-Agar siehe Beerenfrüchte-Konfitüre.

Schoko-Minzeaufstrich

Zutaten für ca. 175 g

150 g Zartbitterschokolade
25 g weiche Butter
3 Tropfen zum Verzehr geeignetes Pfefferminzöl
evtl. etwas süße Sahne

Zubereitung:

Die Schokolade im heißen Wasserbad schmelzen und die Butter einrühren. Die Masse mit dem Pfefferminzöl abschmecken und zum Abkühlen etwa eine Stunde in den Kühlschrank stellen. Danach die Schokoladenmasse kurze Zeit schaumig aufschlagen bis sie fester wird. Sollte sie durch das Aufschlagen zu fest geworden sein, mit etwas Sahne wieder weicher machen.

Zubereitungszeit: ca. 10 Minuten + 1 Stunde Kühlzeit.

Grapefruit-Melonenaufstrich

Zutaten für ca. 500 g

500 g Grapefruit-Fruchtfleisch
500 g Honigmelonen-Fruchtfleisch
250 g Vollrohrzucker
25 g Gelierpulver aus Apfelpektin
abgeriebene Schale einer unbehandelten Orange
Saft und Schale einer unbehandelten Zitrone
150 g Agavendicksaft (oder Honig)

Zubereitung:

Das Grapefruit- sowie das Melonenfruchtfleisch in feine Stückchen zerkleinern. Den Zucker mit dem Gelierpulver vermischen und mit der Orangen- sowie der Zitronenschale in die zerkleinerten Früchte einrühren. Die Masse unter ständigem Rühren zum Kochen bringen und etwa 5 Minuten kochen lassen. Den Agavendicksaft sowie den Zitronensaft zugeben und unterrühren. Die Marmelade noch heiß in Gläser füllen und sofort verschließen. Die Gläser auf dem Kopf stehend auskühlen lassen.

Zubereitungszeit: ca. 25 Minuten.

Ananas-Orangenaufstrich

Zutaten für ca. 600 g

250 g frische Ananas
2 unbehandelte Orangen
300 ml Saft von unbehandelten Orangen
2 EL Vollrohrzucker
1 Päckchen Vanille-Puddingpulver

Zubereitung:

Die Ananas schälen, den harten Strunk in der Mitte herausschneiden und das Fruchtfleisch in kleine Stücke schneiden. Die Orangen schälen, zerteilen und mit einem Pürierstab oder im Mixer grob pürieren. Das Orangenpüree mit 200 ml Orangensaft in einem Topf erhitzen. Den restlichen Saft mit dem Zucker und dem Puddingpulver verquirlen und in die kochende Flüssigkeit einrühren. Den Fruchtpudding unter Rühren aufkochen lassen, bis die Masse Blasen wirft. Den Fruchtbrei vom Herd nehmen, die Ananasstückchen unterheben und die Masse abkühlen lassen. Den Ananas-Orangenaufstrich im Kühlschrank fest werden lassen.

Zubereitungszeit: ca. 25 Min. + ca. 2 Stunden Zeit zum Festwerden.

Fruchtsaft-Gelee

Zutaten für ca. 800 g

500 ml Fruchtsaft (z.B. Apfelsaft, Ananassaft, Traubensaft usw.)
15 g Konfigel (gibt's von Runge)
150 g Vollrohrzucker
150 g Apfeldicksaft (oder Agavendicksaft, Honig, Ahornsirup o.ä.)
Saft einer unbehandelten Zitrone

Zubereitung:

In den Fruchtsaft mit einem Schneebesen das Konfigel langsam einrühren, damit es nicht klumpt. Danach den Zucker und den Apfeldicksaft sowie den Zitronensaft einrühren. Die Masse unter Rühren bei mittlerer Hitze zum Kochen bringen und circa 3 Minuten unter weiterem Rühren köcheln lassen. Das Gelee sofort in heiß ausgespülte Gläser füllen und fest verschließen. Die Gläser auf den Kopf stellen und abkühlen lassen.

Zubereitungszeit: ca. 15 Minuten.

Kiwi-Apfelgelee

Zutaten für ca. 500 g

5 Kiwis
ca. 250 ml naturtrüber Apfelsaft
3 EL Vollrohrzucker
1 Päckchen Vanille-Puddingpulver
50 ml halbtrockener Weißwein

Zubereitung:

Die Kiwis schälen, grob zerkleinern und zusammen mit dem Apfelsaft mit einem Pürierstab oder im Mixer pürieren. Das Fruchtpüree bis auf 6 Esslöffel in einem Topf erhitzen. Das restliche Kiwi-Apfelpüree mit dem Zucker sowie dem Vanille-Puddingpulver verquirlen und in die kochende Flüssigkeit einrühren. Die Fruchtmasse unter Rühren aufkochen lassen bis sie Blasen wirft. Den Weißwein unterrühren. Das Kiwi-Apfelgelee im Kühlschrank abkühlen und fest werden lassen.

Zubereitungszeit: ca. 20 Min. + ca. 2 Stunden Zeit zum Festwerden.

Roh gerührter Himbeeraufstrich

Zutaten für ca. 600 g

500 g frische Himbeeren
1 kleine, reife Banane
abgeriebene Schale einer halben, unbehandelten Limette
1 EL fester Honig
1/2 TL Vanillepulver

Zubereitung:

Die Himbeeren waschen und verlesen. Die Banane schälen und in grobe Stücke zerteilen. Die Bananenstücke zusammen mit den Himbeeren im Mixer fein pürieren und durch ein Sieb streichen. Die abgeriebene Limettenschale sowie den Honig untermischen. Den Himbeeraufstrich mit der Vanille abschmecken. Den Aufstrich im Kühlschrank aufbewahren und innerhalb von drei Tagen verzehren.

Zubereitungszeit: ca. 25 Minuten.

Aprikosencreme

Zutaten für ca. 400 g

250 g getrocknete Aprikosen
300 ml Saft von unbehandelten Orangen
150 g Naturjoghurt
1 EL Honig oder Agavendicksaft
2 EL gemahlene Pistazien

Zubereitung:

Die getrockneten Aprikosen auf ein Sieb geben und heiß abspülen. Den Orangensaft in einem Topf erhitzen und die Aprikosen damit übergießen. Die Trockenfrüchte am besten über Nacht in dem Saft einweichen.
Am nächsten Tag den Saft abgießen und die Früchte in einem Mixer pürieren. Den Joghurt unterrühren. Den Fruchtaufstrich mit Honig oder Agavendicksaft süßen und die gemahlenen Pistazien unterrühren.

Zubereitungszeit: ca. 10 Minuten + Einweichzeit über Nacht.

Bananen-Quark

Zutaten für ca. 350 g

250 g Magerquark
2 EL süße Sahne
2 reife Bananen
1 EL Ahornsirup
1 EL Chufas (Erdmandelflocken)
1/2 TL gemahlene Vanille

Zubereitung:

Quark und Sahne mit einem Schneebesen kräftig verschlagen. Die Bananen schälen und mit einer Gabel fein zerdrücken. Das Bananenmus zusammen mit dem Ahornsirup sowie den Erdmandelflocken unter die Quarkmasse mengen und den Aufstrich mit der gemahlenen Vanille abschmecken.

Zubereitungszeit: ca. 10 Minuten.

Kirsch-Quark

Zutaten für ca. 750 g

1 Glas (720 ml) Sauerkirschen
1 EL Saft einer unbehandelten Zitrone
1–2 EL Speisestärke
250 g Magerquark
2–3 EL Honig oder Agavendicksaft

Zubereitung:

Die Sauerkirschen auf ein Sieb geben und abtropfen lassen. Dabei den Kirschsaft auffangen. Die Hälfte der Kirschen mit einem Pürierstab oder im Mixer pürieren, die andere Hälfte in kleine Stücke schneiden. Den Kirschsaft zusammen mit dem Fruchtpüree sowie dem Zitronensaft in einen Topf geben und aufkochen lassen. Die Speisestärke über den Saft sieben und mit einem Schneebesen unterrühren. Die Fruchtmasse erneut aufkochen lassen, die Kirschstücke unterheben und abkühlen lassen. Die kalte Fruchtmasse mit dem Quark verrühren und mit dem Süßungsmittel abschmecken.

Zubereitungszeit: ca. 30 Minuten.

Erdnussbutter

Zutaten für ca. 300 g

250 g weiche Butter
2 EL Erdnussmus
100 g Erdnusskerne
1 EL Honig

Zubereitung:

Die Butter mit den Quirlen des Handrührgerätes schaumig aufschlagen und das Erdnussmus einrühren. Die Erdnusskerne fein mahlen und zusammen mit dem Honig unterrühren. Die Erdnussbutter in den Kühlschrank stellen und fest werden lassen.

Zubereitungszeit: ca. 10 Minuten.

Kokos-Reiscreme

Zutaten für ca. 500 g

100 g Rundkorn-Milchreis
500 ml Milch
150 ml süße Sahne
30 g Kokosraspel
2 EL Agavendicksaft oder Vollrohrzucker
1/2 TL gemahlene Vanille

Zubereitung:

Den Milchreis unter fließendem, kalten Wasser waschen und abtropfen lassen. Die Milch zum Kochen bringen, den Milchreis hinzugeben und bei mittlerer Hitze im leicht geöffneten Topf 20 bis 25 Minuten quellen lassen. Zwischendurch öfters umrühren.
Die Sahne zum Kochen bringen, die Kokosraspeln einstreuen und bei reduzierter Hitze 8 bis 10 Minuten einkochen lassen. Die Kokosmasse mit dem Milchreis vermischen und das Ganze mit einem Pürierstab oder im Mixer pürieren. Die Kokos-Reiscreme mit dem Agavendicksaft sowie der Vanille abschmecken.

Zubereitungszeit: ca. 35 Minuten.

Möhren-Mandelaufstrich

Zutaten für ca. 150 g

80 g Möhre
5 EL Mandeln
50 g Räuchertofu
1 TL Zitronensaft
1 EL Mandelöl
Meersalz
1/2 TL gemahlener Koriander

Zubereitung:

Die Möhre putzen, schälen und auf einer Küchenreibe fein raspeln. Die Mandeln fein mahlen, den Räuchertofu mit einer Gabel gleichmäßig zerdrücken. Möhrenraspel mit Mandeln und Tofu in einer Schüssel vermengen und mit dem Zitronensaft sowie dem Mandelöl kräftig verrühren. Den Aufstrich mit Salz und Koriander abschmecken.

Zubereitungszeit: ca. 20 Minuten.

Sesam-Walnusscreme

Zutaten für ca. 200 g

80 g Walnusskerne
50 g weiche Butter oder Margarine
2 EL Walnussöl
50 g Sesamsamen
Meersalz
frischer Pfeffer aus der Mühle

Zubereitung:

Die Walnusskerne in einer Pfanne ohne Fett anrösten und fein mahlen. Die Butter mit dem Walnussöl vermischen und mit den gemahlenen Walnusskernen zu einer Paste verrühren. Die Sesamsamen in einer Pfanne ohne Fettzugabe anrösten bis er duftet und mit einem halben Teelöffel Salz in einem Mixer zermahlen. Das Sesamsalz unter die Paste mischen und diese mit Pfeffer würzig pikant abschmecken.

Zubereitungszeit: ca. 25 Minuten.

Champignonaufstrich

Zutaten für ca. 270 g

150 g Butter
1 kleine Zwiebel
100 g Champignons
1 große Knoblauchzehe
2 TL Zitronensaft
Kräutersalz
frischer Pfeffer aus der Mühle
1/2 TL Thymian
1 EL gehackte Petersilie

Zubereitung:

Die Butter mit den Quirlen des Handrührgerätes schaumig aufschlagen. Die Zwiebel schälen, in sehr feine Würfelchen schneiden und in wenig Butter glasig andünsten. Die Champignons mit einem feuchten Tuch vorsichtig abreiben und sehr klein hacken. Die Knoblauchzehe schälen und durch eine feine Presse drücken. Die Butter mit den Zwiebeln, den Champignons, dem Knoblauch und dem Zitronensaft kräftig verrühren. Mit Kräutersalz, Pfeffer, Thymian sowie gehackter Petersilie pikant abschmecken.

Zubereitungszeit: ca. 20 Minuten.

Auberginenaufstrich

Zutaten für ca. 200 g

230 g Aubergine
1 kleine Zwiebel
3 EL Olivenöl
Kräutersalz
frischer Pfeffer aus der Mühle
1/2 Bund Petersilie

Zubereitung:

Die Aubergine putzen, schälen und in kleine Würfel schneiden. Die Zwiebel schälen und ebenfalls fein würfeln. Die Hälfte des Olivenöles in einem Topf erhitzen, die Auberginenwürfel hineingeben und anbraten. Die Hitze reduzieren, einen Esslöffel Wasser zugeben und die Aubergine etwa 5 Minuten weich dünsten. Die Auberginenwürfel mit einem Pürierstab oder im Mixer pürieren. Das restliche Öl in einem zweiten Topf erhitzen. Die Zwiebelwürfel darin glasig werden lassen und unter das Auberginenmus mischen. Den Brotaufstrich mit Kräutersalz und Pfeffer würzen. Die Petersilie putzen, waschen, klein schneiden und unter den Auberginenaufstrich heben.

Zubereitungszeit: ca. 25 Minuten.

Avocadomus

Zutaten für ca. 300 g

200 g süße Sahne
1 Avocado
Saft einer halben, unbehandelten Zitrone
1/2 TL Kräutersalz
frischer Pfeffer aus der Mühle
1/2 TL Currypulver

Zubereitung:

Die Sahne mit den Quirlen des Handrührgerätes halbfest schlagen. Die Avocado halbieren, den Kern entfernen und das Fruchtfleisch mit einem Löffel herauslösen. Fruchtfleisch und Zitronensaft mit einem Pürierstab oder im Mixer pürieren und unter die Sahne rühren. Das Avocadomus mit Salz, Pfeffer sowie Curry abschmecken.

Zubereitungszeit: ca. 10 Minuten.

Rote-Betecreme

Zutaten für ca. 400 g

1 kleine rote Bete
100 g Naturjoghurt
150 g Magerquark
1 TL Meerrettich (aus dem Glas)
8 kleine, saure Gürkchen
100 g Räuchertofu
Kräutersalz
frischer Pfeffer aus der Mühle

Zubereitung:

Die rote Bete mit einem Sparschäler dünn schälen, waschen und in kleine Stücke schneiden. Die Gemüsestücke anschließend in Salzwasser etwa 30 Minuten weich kochen und ohne die Flüssigkeit mit einem Pürierstab oder im Mixer pürieren. Den Joghurt mit dem Quark, dem Meerrettich sowie dem Rote-Betepüree verrühren. Die sauren Gurken sowie den Räuchertofu sehr fein würfeln und unter die Creme mischen. Die Creme salzen und pfeffern.

Zubereitungszeit: ca. 45 Minuten.

Zucchini-Basilikumaufstrich

Zutaten für ca. 250 g

2 mittelgroße Zucchini
2 EL Butter oder Margarine
2–3 EL Gemüsebrühe
Kräutersalz
frischer Pfeffer aus der Mühle
1/2 TL frisch geriebene Muskatnuss
1 Bund Basilikum
1 EL süße Sahne

Zubereitung:

Die Zucchini waschen, putzen und in grobe Würfel schneiden. Die Butter in einem Topf erhitzen, die Zucchiniwürfel zugeben und kurz mit anbraten. Mit der Gemüsebrühe ablöschen und zugedeckt bei mittlerer Hitze etwa 8 Minuten garen. Nach dem Garen das Kräutersalz, den Pfeffer und reichlich Muskat zugeben. Das Basilikum waschen und zusammen mit der Sahne zum Gemüse geben. Den Aufstrich im Mixer fein pürieren.

Zubereitungszeit: ca. 20 Minuten.

Möhren-Koriandercreme

Zutaten für ca. 550 g

500 g Möhren
400 ml Gemüsebrühe
1 Bund frisches Korianderkraut
1 EL Kürbiskernöl
1 EL süße Sahne
Kräutersalz
frischer Pfeffer aus der Mühle

Zubereitung:

Die Möhren putzen, waschen und in dünne Scheiben schneiden. Die Gemüsebrühe zum Kochen bringen und die Möhrenscheiben darin zugedeckt bei mittlerer Hitze etwa 10 Minuten weich dünsten. Das Korianderkraut waschen, grob hacken und zu den Möhrenscheiben geben. Die Möhren in einem Mixer fein pürieren. Öl und Sahne unterrühren. Die Möhren-Koriandercreme mit Kräutersalz und Pfeffer fein-würzig abschmecken.

Zubereitungszeit: ca. 25 Minuten.

Pastinaken-Karottencreme

Zutaten für ca. 700 g

350 g Pastinaken
250 g Karotten
1 kleiner Apfel
100 ml Gemüsebrühe
1 EL Weizen-Vollkornmehl
50 ml süße Sahne
Kräutersalz · frischer Pfeffer aus der Mühle
1/2 TL gemahlener Thymian · 1/2 Bund Petersilie

Zubereitung:

Die Pastinaken sowie die Karotten schälen, putzen und in kleine Würfel schneiden. Den Apfel waschen, vom Kerngehäuse befreien und ebenfalls fein würfeln. Die Gemüsebrühe zum Kochen bringen. Die Gemüse- und Obstwürfel darin zugedeckt bei mittlerer Hitze etwa 15 Minuten weich dünsten. Das gegarte Gemüse mit einem Pürierstab oder im Mixer pürieren. Das Weizenmehl über das Püree stäuben und unterrühren. Die Masse unter Rühren kurz aufkochen lassen, die Sahne zugeben und unter Rühren etwas einköcheln lassen. Die Creme mit Salz, Pfeffer und Thymian pikant würzen. Die Petersilie waschen, trockenschleudern und klein hacken. Die Petersilie unter die Pastinaken-Karottencreme heben.

Zubereitungszeit: ca. 25 Minuten.

Kohlrabiaufstrich

Zutaten für ca. 550 g

400 g Kohlrabi
1 EL Erdnussöl
3 EL Gemüsebrühe
100 g Natur-Frischkäse
2 EL Saft einer unbehandelten Zitrone
50 g gemahlene Haselnüsse
Kräutersalz · frischer Pfeffer aus der Mühle
einige Blättchen Zitronenmelisse

Zubereitung:

Die Kohlrabi mit einem Sparschäler dünn schälen und in kleine Würfel schneiden. Das Erdnussöl in einem Topf erhitzen und die Kohlrabiwürfel darin kurz anbraten. Mit der Gemüsebrühe ablöschen und die Gemüsewürfel zugedeckt bei mittlerer Hitze 10 bis 15 Minuten weich dünsten. Den Frischkäse sowie den Zitronensaft zugeben und den Aufstrich mit einem Pürierstab oder im Mixer pürieren. Die Haselnüsse untermischen und den Aufstrich mit Kräutersalz und Pfeffer kräftig abschmecken. Die Zitronenmelisse waschen, in feine Streifen schneiden und unter den Kohlrabiaufstrich heben.

Zubereitungszeit: ca. 30 Minuten.

Kapernaufstrich mit Ei

Zutaten für ca. 200 g

4 Eier
10 Kapern
2 EL Olivenöl
1 TL Saft einer unbehandelten Zitrone
1 EL milder Senf
1/2 TL Meersalz
frischer Pfeffer aus der Mühle

Zubereitung:

Die Eier etwa 10 Minuten hart kochen, pellen und in kleine Würfel schneiden. Die Eistückchen zusammen mit den Kapern, dem Öl, dem Zitronensaft sowie dem Senf in einen Mixtopf geben und zu einer Paste mixen. Den Kapernaufstrich mit Salz und Pfeffer abschmecken.

Zubereitungszeit: ca. 15 Minuten.

Apfel-Zwiebelschmalz

Zutaten für ca. 300 g

125 g Kokosfett
75 ml Olivenöl
2 Zwiebeln
1 süßlicher Apfel
Meersalz
frischer Pfeffer aus der Mühle
1 TL getrockneter Majoran

Zubereitung:

Das Kokosfett mit dem Olivenöl in einem Topf erhitzen. Die Zwiebeln schälen, fein würfeln und darin hellbraun anrösten. Den Apfel waschen, vom Kerngehäuse befreien und in kleine Würfelchen schneiden. Die Apfelwürfel zu den Zwiebeln in den Topf geben und etwa 5 Minuten mit dünsten. Die Masse mit Salz, Pfeffer und Majoran würzen, in ein Gefäß füllen und im Kühlschrank fest werden lassen.

Zubereitungszeit: ca. 20 Minuten.

Senfbutter

Zutaten für ca. 140 g

100 g Butter
1 EL scharfer Senf
1 EL Crème fraîche
Meersalz
1/2 Bund Dill

Zubereitung:

Die Butter mit den Quirlen des Handrührgerätes schaumig aufschlagen. Senf sowie Crème fraîche unterrühren und die Butter mit Meersalz abschmecken. Den Dill waschen, klein schneiden und unter die Senfbutter mischen. Im Kühlschrank wird die Butter wieder etwas fester.

Zubereitungszeit: ca. 10 Minuten.

Knoblauch-Kräuterbutter

Zutaten für ca. 250 g

250 g weiche Butter
2–4 Knoblauchzehen
je 1/2 Bund Petersilie, Schnittlauch, Dill
1/2 Kästchen Kresse
4 Salbeiblätter
3 Sauerampferblätter
1/2 TL Kräutersalz
1/2 TL frischer Pfeffer aus der Mühle
1/2 TL scharfes Paprikapulver

Zubereitung:

Die Butter mit den Quirlen des Handrührgerätes schaumig aufschlagen. Die Knoblauchzehen schälen, durch eine feine Knoblauchpresse drücken und unter die Butter mischen. Petersilie, Schnittlauch, Dill, Kresse, Salbei sowie Sauerampfer waschen, verlesen und fein hacken. Die Kräuter unter die Knoblauchbutter rühren und diese mit Salz, Pfeffer sowie Paprikapulver pikant abschmecken.

Zubereitungszeit: ca. 20 Minuten.

Tomaten-Basilikumbutter

Zutaten für ca. 280 g

250 g weiche Butter
2 EL Tomatenmark
1 Fleischtomate
10 große Basilikumblätter
Meersalz
frischer Pfeffer aus der Mühle
1 TL getrockneter Oregano

Zubereitung:

Die Butter mit den Quirlen des Handrührgerätes schaumig schlagen. Das Tomatenmark unterrühren. Die Fleischtomate waschen, vom Stielansatz befreien, entkernen und das Fruchtfleisch in sehr kleine Würfelchen schneiden. Die Basilikumblätter waschen, fein hacken und mit den Tomatenstückchen unter die Tomatenbutter mengen. Den Aufstrich mit Salz, Pfeffer und Oregano kräftig abschmecken.

Zubereitungszeit: ca. 10 Minuten.

Möhrenbutter

Zutaten für ca. 250 g

125 g Butter
1 TL Tomatenmark
100 g Möhre
1 kleine Zwiebel
2 EL fein gehackte Küchenkräuter (z.B. Basilikum, Schnittlauch usw.)
Kräutersalz
frischer Pfeffer aus der Mühle

Zubereitung:

Die Butter mit den Quirlen des Handrührgerätes schaumig schlagen. Das Tomatenmark unterrühren. Die Möhre putzen, waschen und auf einer Küchenreibe fein raspeln. Die Zwiebel schälen und fein hacken. Möhrenraspel sowie Zwiebelwürfel und Küchenkräuter unter die Butter rühren. Die Möhrenbutter mit Kräutersalz und Pfeffer kräftig abschmecken.

Zubereitungszeit: ca. 15 Minuten.

Zwiebelbutter

Zutaten für ca. 350 g

250 g weiche Butter
2 kleine Zwiebeln
1 kleiner Apfel
2 EL Olivenöl
Meersalz

Zubereitung:

Die Butter mit den Quirlen des Handrührgerätes schaumig aufschlagen. Die Zwiebeln schälen und fein würfeln. Den Apfel waschen, vom Kerngehäuse befreien und in sehr kleine Würfelchen schneiden. Das Öl in einem Topf erhitzen und zunächst die Zwiebelwürfel darin leicht braun werden lassen. Anschließend die Apfelstückchen hinzugeben und diese bei mittlerer Hitze unter ständigem Rühren etwa 5 Minuten dünsten. Die Zwiebel- sowie die Apfelwürfel unter die Butter rühren. Die Zwiebelbutter mit Meersalz pikant würzen.

Zubereitungszeit: ca. 15 Minuten.

Griechischer Brotaufstrich

Zutaten für ca. 300 g

200 g Schafkäse
2 EL Naturjoghurt
1 TL Tomatenmark
4 getrocknete Tomaten
8 grüne Oliven
Kräutersalz
frischer Pfeffer aus der Mühle

Zubereitung:

Den Schafkäse mit einer Gabel fein zerdrücken und mit dem Joghurt sowie dem Tomatenmark kräftig verrühren. Die getrockneten Tomaten in kleine Stücke schneiden. Die Oliven entkernen, in dünne Scheiben schneiden und zusammen mit den Tomatenstückchen unter den Schafkäse mischen. Den Brotaufstrich mit Kräutersalz und Pfeffer abschmecken.

Zubereitungszeit: ca. 10 Minuten.

Tzatziki

Zutaten für ca. 550 g

1 mittelgroße Zucchini
1 kleine Zwiebel
2 Knoblauchzehen
500 ml Naturjoghurt
2 EL Olivenöl
1 EL Saft einer unbehandelten Zitrone
Meersalz
frischer Pfeffer aus der Mühle

Zubereitung:

Die Zucchini putzen, waschen und auf einer Küchenreibe fein raspeln. Die Zwiebel sowie die Knoblauchzehen schälen, die Zwiebel fein würfeln und die Knoblauchzehen durch eine feine Presse drücken. Den Joghurt mit den Zuchiniraspeln sowie den Zwiebel- und Knoblauchwürfeln vermischen. Danach das Olivenöl sowie den Zitronensaft angießen und das Tzatziki mit Meersalz und Pfeffer kräftig würzen.

Zubereitungszeit: ca. 15 Minuten.

Käse-Nusscreme

Zutaten für ca. 350 g

100 g Schafkäse
200 g Natur-Frischkäse
1–2 EL Milch (oder süße Sahne)
2 EL fein geriebene Haselnüsse
1 TL Saft einer unbehandelten Orange
Meersalz
frischer Pfeffer aus der Mühle

Zubereitung:

Den Schafkäse mit einer Gabel fein zerdrücken. Zusammen mit dem Frischkäse und der Milch zu einer cremigen Masse verrühren. Die Haselnüsse sowie den Orangensaft unterrühren. Die Käse-Nusscreme mit Salz und Pfeffer pikant abschmecken.

Zubereitungszeit: ca. 10 Minuten.

Kräuterpesto

Zutaten für ca. 150 g

100 g Pinienkerne
1 Bund Basilikum
1 Bund Petersilie
2 Knoblauchzehen
3 EL frisch geriebener Parmesankäse
2 EL Olivenöl
1 EL Saft einer unbehandelten Zitrone
Meersalz
frischer Pfeffer aus der Mühle

Zubereitung:

Die Pinienkerne in einer Pfanne ohne Fett anrösten, abkühlen lassen und fein mahlen. Basilikum und Petersilie waschen, verlesen und fein hacken. Die Knoblauchzehe schälen und durch eine feine Knoblauchpresse drücken. Die Pinienkerne, das Basilikum, die Petersilie, den Knoblauch und den Parmesan in einem Mörser zerstoßen. Nach und nach das Olivenöl unterrühren. Das Kräuterpesto mit Zitronensaft, Salz und Pfeffer abschmecken.

Zubereitungszeit: ca. 30 Minuten.

Bärlauchpesto

Zutaten für ca. 150 g

75 g Kürbiskerne
1 Bund Bärlauch
50 g geriebener Parmesankäse
5 EL Kürbiskernöl
5 EL Olivenöl
Meersalz
Pfeffer

Zubereitung:

Die Kürbiskerne mahlen. Den Bärlauch putzen, waschen und sehr fein hacken. Kürbiskerne mit Bärlauch und Parmesan in einer Schüssel mischen. Nach und nach das Kürbiskern- sowie das Olivenöl zugeben und die Zutaten zu einer Paste verrühren. Das Pesto mit Salz und Pfeffer kräftig abschmecken.

Zubereitungszeit: ca. 15 Minuten.

Paprikapesto

Zutaten für ca. 300 g

2 rote Paprikaschoten
1 rote Pfefferschote
50 g Sonnenblumenkerne
50 g geriebener Parmesankäse
50 ml Sonnenblumenöl · 50 ml Olivenöl
Saft einer halben, unbehandelten Zitrone
Meersalz · frischer Pfeffer aus der Mühle
scharfes Paprikapulver

Zubereitung:

Die Paprikaschoten waschen, entkernen und im Backofen bei 200°C so lange grillen, bis die Haut Blasen wirft. Die Haut abziehen und das Fruchtfleisch grob zerkleinern. Die Pfefferschote der Länge nach aufschneiden, die Kerne sowie die scharfen Trennwände entfernen und die Schote kalt waschen (damit ihr etwas von der Schärfe genommen wird). Die Paprikastücke zusammen mit der Pfefferschote, den Sonnenblumenkernen, dem Parmesankäse, dem Sonnenblumen- und Olivenöl sowie dem Zitronensaft in einen Mixer geben und nicht zu fein pürieren. Das Paprikapesto mit Salz, Pfeffer und Paprikapulver scharf-würzig abschmecken.

Zubereitungszeit: ca. 35 Minuten.

Rucola-Walnusspesto

Zutaten für ca. 350 g

75 g Walnusskerne
2 Knoblauchzehen
1 Bund Rucola
50 g geriebener Pecorinokäse
5 EL Walnussöl
5 EL Sonnenblumenöl
Kräutersalz
Pfeffer

Zubereitung:

Die Walnusskerne mahlen. Die Knoblauchzehen schälen und durch eine feine Knoblauchpresse drücken. Den Rucola putzen, waschen und sehr fein hacken. Rucola, Walnüsse, Knoblauch sowie den Pecorinokäse in einer Schüssel vermischen. Das Walnuss- sowie das Sonnenblumenöl zugeben und die Zutaten zu einer Paste verrühren. Das Rucola-Walnusspesto mit Kräutersalz und Pfeffer kräftig würzen.

Zubereitungszeit: ca. 15 Minuten.

Bunter Gemüsequark

Zutaten für ca. 400 g

250 g Magerquark
2 EL süße Sahne
1 rote Paprikaschote
3 EL Zuckermais (aus dem Glas)
3 EL tiefgekühlte Erbsen
1/2 Bund Petersilie
Kräutersalz · frischer Pfeffer aus der Mühle

Zubereitung:

Quark und Sahne mit einem Schneebesen kräftig verschlagen. Die Paprikaschote waschen, entkernen und in kleine Würfelchen schneiden. Den Mais auf ein Sieb geben und abtropfen lassen. Die Erbsen mit heißem Wasser überbrühen und einige Minuten auftauen lassen. Die Petersilie waschen, putzen und fein hacken. Die Paprikastücke zusammen mit dem Mais, den Erbsen sowie der Petersilie unter den Quark heben. Den Aufstrich mit Kräutersalz und Pfeffer kräftig abschmecken.

Zubereitungszeit: ca. 15 Minuten.

Hinweis: Selbstverständlich können auch frischer Mais und frische Erbsen verwendet werden. Das Gemüse dazu ca. 10 Minuten in wenig Wasser garen.

Kümmelquark

Zutaten für ca. 300 g

250 g Magerquark
2 EL saure Sahne
3 TL Kümmelsamen
4 Radieschen
1 Msp. gemahlener Kümmel
Meersalz
frischer Pfeffer aus der Mühle

Zubereitung:

Magerquark und saure Sahne mit einem Schneebesen kräftig verschlagen. Die Kümmelsamen in einem Mörser leicht zerdrücken und unter den Quark mischen. Die Radieschen putzen, waschen, in feine Streifen schneiden und ebenfalls unter die Quarkmasse heben. Den Kümmelquark mit gemahlenem Kümmel sowie Salz und Pfeffer pikant abschmecken.

Zubereitungszeit: ca. 10 Minuten.

Rettichsprossenquark

Zutaten für ca. 225 g

200 g Magerquark
1 EL süße Sahne
1/2 TL Kurkuma
1/2 TL Currypulver
1 Knoblauchzehe
Kräutersalz
frischer Pfeffer aus der Mühle
4 EL Rettichsprossen

Zubereitung:

Quark und Sahne mit einem Schneebesen kräftig verschlagen. Kurkuma und Currypulver gründlich untermischen. Die Knoblauchzehe schälen und durch eine feine Presse drücken. Den Knoblauch unterrühren. Die Quarkmasse mit Kräutersalz und Pfeffer würzen. Die Rettichsprossen unter den Quark mischen.

Zubereitungszeit: ca. 10 Minuten.

Scharfer Auberginenquark

Zutaten für ca. 500 g

2 mittelgroße Auberginen
2 EL Olivenöl
100 g Magerquark
100 g Naturjoghurt
100 g Crème fraîche
2 rote Peperoni
3 Knoblauchzehen
je 1 Bund Schnittlauch und Petersilie
Kräutersalz
frischer Pfeffer aus der Mühle
Balsamessig

Zubereitung:

Die Auberginen putzen, waschen und in kleine Würfel schneiden. Das Olivenöl in einem Topf erhitzen. Die Auberginenwürfel darin unter Rühren etwa 5 Minuten andünsten und abkühlen lassen.
In der Zwischenzeit Quark, Joghurt und Crème fraîche mit einem Schneebesen kräftig verschlagen. Die Peperoni putzen, der Länge nach einschneiden und mit einem scharfen Messer die Kerne sowie die Trennwände herausschneiden. Die Peperoni kalt abspülen und in

sehr kleine Würfelchen schneiden. Die Knoblauchzehen schälen und durch eine feine Presse drücken. Die Kräuter waschen, verlesen und klein hacken. Peperoni, Knoblauch sowie Kräuter unter die Quarkmasse rühren, mit Kräutersalz, Pfeffer sowie einigen Tropfen Balsamessig pikant abschmecken. Die abgekühlten Auberginenwürfel unter den Quark heben.

Zubereitungszeit: ca. 25 Minuten.

Birnen-Gorgonzolacreme

Zutaten für ca. 350 g

1 weiche Birne
150 g Gorgonzola
100 g Crème fraîche
Meersalz
frischer Pfeffer

Zubereitung:

Die Birne schälen, das Kerngehäuse entfernen und das Fruchtfleisch in kleine Stücke schneiden. Den Gorgonzola zerteilen und zusammen mit den Birnenstücken mit einem Pürierstab oder im Mixer cremig rühren. Die Crème fraîche unterrühren und die Creme mit Salz und Pfeffer würzen.

Zubereitungszeit: ca. 10 Minuten.

Grünkernaufstrich

Zutaten für ca. 350 g

100 g Grünkern
200 ml Gemüsebrühe
1 kleine Zwiebel
50 g weiche Butter oder Margarine
2 EL Hefeflocken · 1 Bund Petersilie
Kräutersalz · frischer Pfeffer aus der Mühle
frisch geriebene Muskatnuss

Zubereitung:

Grünkern in einer Getreidemühle grob schroten. Die Gemüsebrühe zum Kochen bringen. Grünkernschrot einstreuen. Die Hitze reduzieren. Schrot unter Rühren etwa 5 Minuten köcheln lassen. Den Topf vom Herd nehmen. Grünkern zugedeckt etwa 20 Minuten ausquellen und leicht abkühlen lassen.
In der Zwischenzeit die Zwiebel schälen und fein würfeln. Die Zwiebelwürfel zusammen mit der Butter und den Hefeflocken untermengen. Die Petersilie waschen, putzen, klein schneiden und ebenfalls untermengen. Den Grünkernaufstrich mit Kräutersalz, Pfeffer und reichlich Muskat würzig abschmecken.

Zubereitungszeit: ca. 40 Minuten.

Kidneybohnencreme

Zutaten für ca. 350 g

1 Bund Petersilie
200 g gekochte Kidneybohnen
ca. 100 ml Gemüsebrühe
2 TL Sojasauce
1 Zwiebel
50 g geriebener Emmentaler
Kräutersalz
frischer Pfeffer aus der Mühle

Zubereitung:

Die Petersilie waschen, putzen und klein schneiden. Kidneybohnen, Petersilie, Gemüsebrühe sowie die Sojasauce mit einem Pürierstab oder im Mixer zu einer Creme verarbeiten. Die Zwiebel schälen, fein hacken und zusammen mit dem geriebenen Käse unter die Bohnencreme mischen. Die Masse jedoch nicht mehr mixen. Die Bohnencreme mit Kräutersalz und Pfeffer pikant abschmecken.

Zubereitungszeit: ca. 15 Minuten.

Kichererbsenpaste

Zutaten für ca. 350 g

100 g Kichererbsen
300 ml Gemüsebrühe
1 Lorbeerblatt
1 Zwiebel
2 Knoblauchzehen
2 EL Sonnenblumenöl
je 1/2 TL Currypulver, Kurkuma, Cumin, Cayennepfeffer
frisch geriebene Muskatnuss
2 EL Erdnussmus
Meersalz
Saft einer halben, unbehandelten Zitrone

Zubereitung:

Die Kichererbsen über Nacht in reichlich Wasser einweichen. Am nächsten Tag das Einweichwasser weggießen und die Erbsen in der kochenden Gemüsebrühe zusammen mit dem Lorbeerblatt etwa 60 Minuten weich kochen. Das Lorbeerblatt entfernen, die Kichererbsen auf ein Sieb geben, dabei die Garflüssigkeit auffangen und beiseite stellen. Die Kichererbsen mit einem Pürierstab oder im Mixer pürieren und mit etwa 6 Esslöffeln der Garflüssigkeit glatt rühren.

Die Zwiebel schälen und fein würfeln. Die Knoblauchzehen schälen und durch eine feine Presse drücken. Das Sonnenblumenöl in einem Topf erhitzen. Zwiebelwürfel und zerdrückten Knoblauch darin glasig dünsten. Gewürze zugeben und kurz mit anbraten. Die Zwiebelmasse unter das Kichererbsenpüree mischen. Das Erdnussmus unterrühren. Die Paste mit Salz und Zitronensaft abschmecken.

Zubereitungszeit: ca. 75 Minuten + Einweichzeit über Nacht.

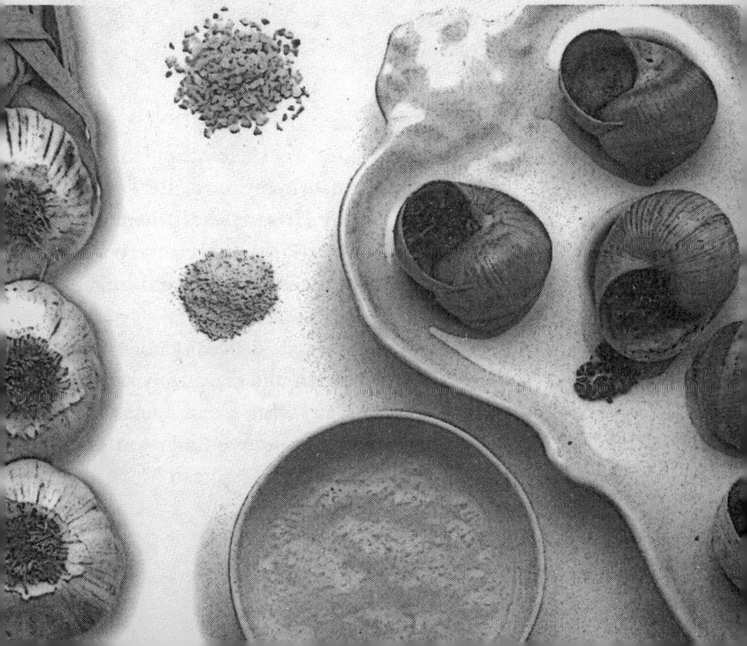

Linsen-Kräuteraufstrich

Zutaten für ca. 500 g

100 g braune Linsen
350 ml Gemüsebrühe
1 Zwiebel
50 g Margarine
250 g Räuchertofu
Kräutersalz
je 1 Prise Bohnenkraut, Majoran, Thymian
1 TL Kurkuma
1/2 Bund Petersilie
1 TL Meersalz

Zubereitung:

Die Linsen auf ein Sieb geben und heiß abspülen. Die Gemüsebrühe zum Kochen bringen und die Linsen darin zugedeckt bei mittlerer Hitze etwa 40 Minuten garen. Die Linsen auf ein Sieb geben, abtropfen und abkühlen lassen. Dabei die Garflüssigkeit auffangen und beiseite stellen.
Die Zwiebel schälen und in kleine Würfel schneiden. Die Margarine in einem Topf erhitzen und die Zwiebelwürfel darin goldgelb rösten, abkühlen lassen. Den Räuchertofu mit einer Gabel grob zerkleinern. Zusammen mit den Linsen, dem Kräutersalz sowie den Gewürzen im Mixer

fein pürieren. Dabei nach und nach so viel Brühe angießen, dass eine cremige Paste entsteht. Die Petersilie waschen, putzen und sehr fein hacken. Die Petersilie und die gerösteten Zwiebelwürfelchen unter den Linsenaufstrich mengen. Mit Salz abschmecken.

Zubereitungszeit: ca. 60 Minuten.

Sonnenblumenkernpaste

Zutaten für ca. 155 g

100 g Sonnenblumenkerne
50 g weiche Butter
1 TL Honig
1 TL Zitronensaft

Zubereitung:

Die Sonnenblumenkerne in einer Pfanne ohne Fett goldgelb rösten. Abkühlen lassen und im Mixer zerkleinern. Die Butter mit den Quirlen des Handrührgerätes aufschlagen und mit Honig, Zitronensaft sowie den Sonnenblumenkernen zu einer Paste verrühren.

Zubereitungszeit: ca. 15 Minuten.

Räuchertofupastete

Zutaten für ca. 450 g

300 g Räuchertofu
100 ml süße Sahne (oder Sojacreme)
3 EL fein geriebener Greyerzer
1 TL Saft einer unbehandelten Zitrone
1/2 TL Sojasauce
Meersalz
frischer Pfeffer aus der Mühle
1 Prise Cayennepfeffer
einige Sträußchen Petersilie

Zubereitung:

Den Räuchertofu in grobe Stücke zerteilen und zusammen mit der Sahne im Mixer pürieren. Den Käse unterheben. Den Aufstrich mit Zitronensaft, Sojasauce, Meersalz, Pfeffer und Cayennepfeffer kräftig würzen. Die Petersilie waschen, klein hacken und unter die Räuchertofupastete mischen.

Zubereitungszeit: ca. 10 Minuten.

Sesam-Gebäckstangen

Zutaten für ca. 15 Gebäckstangen

40 g frische Hefe (oder 1 Tütchen Trockenhefe)
400 ml lauwarmes Wasser
500 g Dinkel
15 g Meersalz
je 1/4 TL gemahlener Koriander, Kümmel und Fenchel, 4 EL Sesamsamen

Zubereitung:

Die Hefe im lauwarmen Wasser auflösen und etwa 10 Minuten quellen lassen. In der Zwischenzeit den Dinkel in einer Getreidemühle fein mahlen. Das Mehl mit dem Hefegemisch, dem Salz und den Gewürzen zu einem geschmeidigen, sehr weichen Teig verkneten und etwa 45 Minuten an einem warmen Ort gehen lassen. Den Teig mit nassen Händen in etwa 15 Portionen teilen, zu länglichen Stangen formen und auf ein gefettetes oder mit Backtrennpapier ausgelegtes Backblech nicht zu dicht nebeneinander legen. Die Stangen mit Sesam bestreuen und bei 250°C (Heißluft 225°C) etwa 15 Minuten backen.

Zubereitungszeit: ca. 75 Minuten + 15 Minuten Backzeit.

Paprikabrötchen

Zutaten für ca. 10 Stück

30 g frische Hefe (oder 1 Tütchen Trockenhefe)
320 ml lauwarmes Wasser
1 Prise Vollrohrzucker
500 g Weizen
25 g Margarine
je 100 g rote und grüne Paprika
je 1/4 TL gemahlener Koriander und Kümmel
1 EL getrockneter Oregano
Kräutersalz

Zubereitung:

Die Hefe im lauwarmen Wasser zusammen mit dem Zucker auflösen und etwa 10 Minuten quellen lassen. Den Weizen in einer Getreidemühle fein mahlen und in eine Schüssel füllen. Das Hefegemisch und die Margarine zugeben. Alles zu einem geschmeidigen Hefeteig verkneten. Diesen zugedeckt an einem warmen Ort circa 30 Minuten ruhen lassen.
Paprika putzen, waschen und in kleine Würfelchen schneiden. Paprikawürfel, Kräuter und Salz in den Teig einarbeiten und diesen in etwa 10 Portionen teilen. Aus jeder Teigkugel ein Brötchen formen. Die Brötchen nicht zu dicht nebeneinander auf ein mit Backtrennpapier ausgelegtes Backblech setzen und erneut circa 15 Minuten gehen lassen. Die Oberfläche der Brötchen mit Wasser bestreichen. Die Paprikabrötchen bei 200°C (Heißluft 180°C) etwa 25 bis 30 Minuten backen.

Zubereitungszeit: ca. 40 Min. + 45 Min. Ruhezeit + 25–30 Min. Backzeit.

Käse-Röggelchen

Zutaten für ca. 10 Stück

1 Tütchen Trockenhefe
1/2 TL Honig
ca. 320 ml lauwarmes Wasser
250 g Roggen
250 g Dinkel
25 g Butter oder Margarine
Meersalz
je 1/4 TL gemahlener Fenchel, Kümmel, Koriander
100 g mittelalter Gouda
50 g geriebener Emmentaler

Zubereitung:

Die Trockenhefe zusammen mit dem Honig im lauwarmen Wasser auflösen und circa 10 Minuten quellen lassen. Roggen und Dinkel in einer Getreidemühle fein mahlen. Das Getreide in einer Schüssel mischen. Hefegemisch, Butter, Salz und die Gewürze zugeben. Alles zu einem geschmeidigen Hefeteig verarbeiten. Den Teig zugedeckt an einem warmen Ort etwa 30 Minuten gehen lassen.
Den Gouda in kleine Würfelchen schneiden und unter den Teig kneten. Teig in 10 Portionen einteilen. Aus jedem Teigstück ein Brötchen formen. Die Brötchen nicht zu dicht nebeneinander auf ein mit Backtrennpapier ausgelegtes Backblech setzen. Erneut zugedeckt etwa 15 Minuten ruhen lassen.
Die Käsebrötchen mit Wasser bestreichen und mit dem geriebenen Käse bestreuen. Die Brötchen im vorgeheizten Backofen bei 200°C (Heißluft 180°C) etwa 25 bis 30 Minuten backen.

Zubereitungszeit: ca. 40 Min. + 45 Min.Ruhezeit + 25–30 Min. Backzeit.

Kräuterbrot

Zutaten für einen Brotlaib

1 1/2 Tütchen Trockenhefe
1 TL Honig
ca. 750 ml lauwarmes Wasser
250 g Hafer
750 g Dinkel
2 gekochte Kartoffeln vom Vortag
100 g Weizenkeimlinge
3 TL Meersalz
je 1 EL getrockneter Oregano, Thymian, Petersilie, Majoran

Zubereitung:

Trockenhefe und Honig in 350 ml lauwarmem Wasser auflösen und etwa 10 Minuten quellen lassen. In der Zwischenzeit Hafer und Dinkel in einer Getreidemühle fein mahlen. Das Getreide in einer Schüssel mischen. Das Hefegemisch zugeben und alles gut vermengen. Die Kartoffeln mit einer Gabel fein zerdrücken. Kartoffeln und Weizenkeimlinge unter den Teig mischen. Den Teig mit Salz, Oregano, Thymian, Petersilie und Majoran würzen. Teig mindestens 8 Minuten kräftig kneten. Dabei die restlichen 400 ml Wasser nach und nach zugießen. Den Teig abdecken und circa 45 Minuten an einem warmen Ort gehen lassen.
Den Teig auf einer leicht bemehlten Arbeitsfläche gut durchkneten und zu einem länglichen Brotlaib formen. Erneut mit einem Küchentuch abdecken und weitere 30 Minuten ruhen lassen. Das Brot auf ein gefettetes und mit Mehl bestreutes Backblech legen, mit Wasser bestreichen, mit einer Gabel mehrmals einstechen und in den auf 220°C (Heißluft 200°C) vorgeheizten Backofen schieben. Zusätzlich eine Schüssel mit Wasser in den Ofen stellen. Nach 15 Minuten Backzeit die Temperatur auf 180°C (Heißluft 160°C) reduzieren und das Brot weitere 45 Minuten backen. Es ist fertig durchgebacken, wenn es beim Klopfen auf die Unterseite hohl klingt.

Zubereitungszeit: ca. 40 Min.+ 75 Min.Ruhezeit + ca. 60 Min. Backzeit.

Pitabrote

Zutaten für 4 kleine Brote

42 g frische Hefe
1 TL Honig
300 ml lauwarme Milch
500 g Weizen
120 ml Sonnenblumenöl
1 TL Meersalz
1 EL Wasser
3 EL süße Sahne
2 EL Sonnenblumenkerne

Zubereitung:

Hefe und Honig in lauwarmer Milch auflösen. Circa 10 Minuten quellen lassen. Den Weizen fein mahlen und in einer Schüssel mit der Hefe mischen. Sonnenblumenöl und Salz zugeben. Alles zu einem geschmeidigen Hefeteig verarbeiten. Den Teig zudecken und an einem warmen Ort etwa 30 Minuten gehen lassen.

Den Teig durchkneten und daraus vier runde, etwa 2 bis 3 cm dicke Fladen formen. Diese auf ein gefettetes oder mit Backtrennpapier ausgelegtes Backblech nicht zu dicht nebeneinander legen und erneut etwa 15 Minuten gehen lassen. Wasser und Sahne verrühren. Die Pitabrote damit bestreichen. Die Sonnenblumenkerne über die Brote streuen, leicht andrücken. Die Pitabrote im vorgeheizten Backofen bei 200°C (Heißluft 180°C) etwa 25 bis 30 Minuten backen. Die Brote sind fertig gebacken, wenn sie durch Klopfen auf die Unterseite hohl klingen. Die Brote auf dem Backblech abdecken und auskühlen lassen.

Zubereitungszeit: ca. 35 Min.+ 45 Min.Ruhezeit + 25–30 Min. Backzeit.

Müsli-Hefezopf

Zutaten für ca. 25 Scheiben

20 g frische Hefe
250 ml lauwarme Milch
1 TL Honig oder Vollrohrzucker
375 g Weizen
250 g Früchte-Müsli
1 Prise Salz
2 EL Sonnenblumenöl
1 Eigelb
2 EL süße Sahne
2 EL grobe Vollkorn-Haferflocken

Zubereitung:

Die Hefe in lauwarmer Milch zusammen mit dem Honig auflösen. Etwa 10 Minuten quellen lassen. Den Weizen in einer Getreidemühle fein mahlen. Mehl, Müsli und Salz in einer Schüssel mischen. Das Hefegemisch und das Sonnenblumenöl zugeben. Alles zu einem geschmeidigen Teig verkneten. Den Teig zugedeckt an einem warmen Ort etwa 30 Minuten gehen lassen. Gut durchkneten und daraus drei gleich langen Rollen formen. Die Teigrollen auf einem mit Backtrennpapier ausgelegten Backblech zu einem Zopf flechten. Den Hefezopf erneut abdecken und weitere 15 Minuten ruhen lassen. Das Eigelb mit der Sahne verquirlen und den Hefezopf damit bestreichen. Die Vollkorn-Haferflocken darüber streuen und den Müslizopf im vorgeheizten Backofen bei 225°C (Heißluft 200°C) etwa 30 bis 35 Minuten backen. Dabei eine Schale mit heißem Wasser in den Ofen stellen.

Zubereitungszeit: ca. 75 Minuten + ca. 30–35 Minuten Backzeit.

Hafer-Mandelbrot

Zutaten für zwei 500-g-Brote

40 g frische Hefe (oder 1 Tütchen Trockenhefe)
1 TL Vollrohrzucker
600 ml lauwarme Milch
750 g Dinkel
200 g grobe Vollkorn-Haferflocken
1 TL Meersalz
2 EL Honig
100 g gemahlene Mandeln

Zubereitung:

Hefe und Zucker in der Hälfte der Milch auflösen. Etwa 10 Minuten quellen lassen. Den Dinkel in einer Getreidemühle fein mahlen. Zusammen mit den Haferflocken in einer Schüssel mischen. Das Hefegemisch, restliche Milch und Salz zugeben. Alles mit den Knethaken des Handrührgerätes zu einem geschmeidigen Hefeteig verkneten. Den Teig zugedeckt an einem warmen Ort circa 30 Minuten gehen lassen.

Den Honig sowie die gemahlenen Mandeln zugeben und den Hefeteig erneut gut durchkneten. Den Teig halbieren, zwei Brotlaibe daraus formen und diese auf ein gefettetes oder mit Backtrennpapier ausgelegtes Backblech nicht zu dicht nebeneinander legen. Die Brote mit einem Küchentuch abdecken und erneut an einem warmen Ort etwa 20 Minuten ruhen lassen. Brote mit Milch bestreichen, mit Haferflocken bestreuen und im vorgeheizten Backofen bei 250°C (Heißluft 225°C) circa 30 Minuten backen. Zum Brotbacken eine Schale mit Wasser in den Backofen stellen.

Zubereitungszeit: ca. 30 Min.+ 50 Min.Ruhezeit + ca. 30 Min. Backzeit.

Honig-Rosinenbrötchen

Zutaten für ca. 15 Stück

40 g frische Hefe (oder 1 Tütchen Trockenhefe)
1/2 TL Meersalz
1 TL Vollrohrzucker
250 ml lauwarmes Wasser
550 g Weizen
75 g Butter
2 EL Honig
100 g Rosinen

Zubereitung:

Hefe, Salz und Zucker im lauwarmen Wasser auflösen. Etwa 10 Minuten quellen lassen. Den Weizen in einer Getreidemühle fein mahlen, in eine Schüssel geben. Das Hefegemisch, die Butter und den Honig zugeben. Alles gut verkneten. Den Teig abdecken und an einem warmen Ort etwa 30 Minuten ruhen lassen.
Die Rosinen unter den Teig arbeiten. Den Teig in 15 Portionen teilen. Jedes Teigstück zu einem Brötchen formen und auf ein mit Backtrennpapier ausgelegtes Backblech setzen. Die Brötchen mit einem Messer auf der Oberfläche kreuzweise einritzen, mit einem Küchentuch abdecken und erneut circa 15 Minuten gehen lassen. Die Rosinenbrötchen mit Wasser besprühen und im vorgeheizten Backofen bei 220°C (Heißluft 200°C) etwa 15 Minuten backen.

Zubereitungszeit: ca. 30 Min.+ 45 Min.Ruhezeit + ca. 15 Min. Backzeit.

Süße Waffeln

Zutaten für ca. 5 Waffeln

100 g Butter oder Margarine
3 EL Agavendicksaft oder Honig
2 Eier
50 g gemahlene Haselnüsse
250 g Dinkel
1 TL Weinstein-Backpulver
1 Prise Salz
1/4 TL gemahlene Vanille
200 ml Wasser
100 ml süße Sahne

Zubereitung:

Die Butter mit den Quirlen des Handrührgerätes schaumig schlagen. Den Agavendicksaft zugeben und gut unterrühren. Die Eier und die Haselnüsse in die Buttermasse rühren. Den Dinkel in einer Getreidemühle fein mahlen, mit Backpulver, Salz und Vanille vermischen. Wasser und Sahne mischen. Das Mehl esslöffelweise abwechselnd mit der Flüssigkeit zu der Butter-Eiermasse geben und untermengen. Aus allen Zutaten einen dickflüssigen Teig anrühren. Diesen etwa 20 Minuten quellen lassen.

Das Waffeleisen vorheizen und eventuell einfetten. Eine Kelle Teig in das heiße Waffeleisen füllen und etwas glatt streichen. Das Waffeleisen schließen und nacheinander fünf braune Waffeln backen.

Zubereitungszeit: ca. 35 Minuten + 20 Minuten Ruhezeit.

Buchtipps und Adressen

„Alles Öko?“ Durchblick im Labyrinth der Öko-Kennzeichnungen, Verbraucher-Zentrale Bayern e.V., Mozartstraße 9, 80336 München,

Lebensmittel aus ökologischem Anbau, Auswertungs- und Informationsdienst (aid), Konstantinstraße 124, 53179 Bonn, www.aid-online.de

Internet-Seiten der *Verbraucher Initiative zu Gentechnik* in Lebensmitteln: www.transgen.de

Glossar